VINCENZO IAVAZZO

I SEGRETI DEL VIDEO MARKETING

Strategie e tecniche segrete per guadagnare e fare pubblicità con i portali di condivisione video

Titolo

"I SEGRETI DEL VIDEO MARKETING"

Autore

Vincenzo Iavazzo

Editore

Bruno Editore

Sito internet

www.BrunoEditore.it

Sommario

Introduzione

Caro lettore, cara lettrice… ti ringrazio di aver scelto questo ebook per la tua crescita finanziaria. Sono sicuro che ne resterai profondamente soddisfatto. Le strategie, le tecniche e i consigli illustrati in questo manuale ti consentiranno di avviare con successo una rendita online, basata su un fenomeno davvero eccezionale: il **video marketing**.

Ma che cosa è il video marketing? Se hai avuto modo di leggere i miei articoli su questo argomento sul blog della Bruno Editore, già ti sarai fatto un'idea di cosa esso sia e di quali siano le sue potenzialità. Il video marketing è una forma pubblicitaria gratuita che si ottiene sfruttando i portali di video sharing, cioè i siti web per la condivisione dei video. Sicuramente conoscerai quello più importante presente in rete: YouTube.

Anche se si tratta di una forma pubblicitaria gratuita, non è da sottovalutare… anzi, è da prendere assolutamente al volo! I video visualizzati ogni giorno da questi portali di condivisione contano centinai di milioni di visualizzazioni. Vale a dire che utilizzare queste strategie per trarne un profitto economico significa avere altrettanti milioni di potenziali clienti.

Negli ultimi anni questa nuova strategia di pubblicità online ha avuto così una crescita esponenziale, alla quale è stato appunto attribuito il nome di video marketing.

Personalmente, seguo questo fenomeno dalle sue origini. È trascorso circa un anno dalla pubblicazione del mio ebook *Guadagnare con Emule e Youtube*, dove illustravo le tecniche per fare soldi e avere visibilità con i colossi dello sharing, ovvero della condivisione. Quando ho iniziato a stendere quel manuale, con il quale ho avuto un notevole successo, il termine *video marketing* era praticamente sconosciuto in Italia.

Esistevano diversi utenti che sfruttavano portali come YouTube per pubblicizzare prodotti, ma non avevano linee guida da seguire. Spesso commettevano errori che compromettevano l'intera campagna pubblicitaria. E anche io, come loro, ho commesso degli errori dai quali ho però ricavato le strategie migliori per avere successo in questo business e che ho descritto nell'ebook che stai leggendo.

Oggigiorno per avviare una campagna pubblicitaria con il video marketing è indispensabile avere delle ottime strategie, altrimenti si rischia di perdere solo tempo. La concorrenza è altissima e il termine *video marketing* non è più sconosciuto in Italia come era fino a pochi anni fa. Al contrario: conta quasi settanta milioni di pagine web indicizzate solo su Google!

Ti consiglio di affidarti alle tecniche offerte in questo manuale. Ritengo di essere un esperto in materia, visto il successo del mio primo ebook su questo argomento, visti i tantissimi commenti positivi dei miei articoli pubblicati sul blog della Bruno Editore (la casa editrice e il blog irrinunciabili per la formazione!) e visto, infine, il riscontro positivo che ha avuto mio intervento su questo stesso argomento in occasione del Primo Evento del Club Autori Italiani, tenutosi a Roma il 20 settembre 2008.

Il presente ebook è strutturato in sette Giorni, che ti consiglio di leggere e mettere in pratica proprio uno ogni giorno. Ciascun Giorno costituirà un passo in avanti verso la realizzazione della tua campagna di video marketing. Per ognuno di essi scoprirai i software, i casi di studio, i prodotti, i portali, i sistemi, le strategie e le tecniche migliori per realizzare con successo questa rendita economica.

Attraverso le tecniche segrete di questo ebook, e seguendo i tre pilastri fondamentali dettati dall'Ing. Bruno per raggiungere gli obiettivi, vale a dire: **impegno**, **determinazione** e **strategie giuste**, riuscirai a diventare un grande esperto in questo business, costruendoti un'ottima rendita economica a vita!

Buon lavoro!

Vincenzo Iavazzo

GIORNO 1:
I prodotti ad alta conversione

Iniziamo questo strepitoso viaggio verso la costruzione della tua rendita online basata sul video marketing, che ti consentirà di farti guadagnare tanti soldi.

Partiamo dall'oggetto della campagna di marketing, ovvero dalla scelta del prodotto da pubblicizzare. Supponendo che tu non abbia un tuo prodotto da pubblicizzare, in questo capitolo ti illustrerò come guadagnare subito sponsorizzando prodotti altrui, ma, soprattutto, ti indicherò quali sono quelli **ad alta conversione**, e come individuarne degli altri.

Dopo lunghi studi e, soprattutto, in seguito ad azioni "pratiche" sul campo, condotte non solo da me ma anche dai più grandi esperti di web marketing, è risultato che il modo più veloce e redditizio per fare soldi su internet consiste nell'aderire ai

programmi di affiliazione. Probabilmente già sai che cosa è un programma di affiliazione. In ogni caso, partirò dall'abbiccì.

Un programma di affiliazione è un'opportunità offerta da un sito internet di commercio elettronico che offre una commissione per ogni vendita di un suo prodotto o servizio che tu hai generato. Il vantaggio dei programmi di affiliazione è che devi occuparti solo della vendita, il resto è a carico dell'affiliante: la gestione del sito internet, i pagamenti, l'assistenza ai clienti, le spedizioni ecc.

SEGRETO n. 1: con i programmi di affiliazione guadagni velocemente e non hai incarichi commerciali.

Naturalmente, affinché tu possa vendere un prodotto o un servizio, dovrai promuoverlo con le dovute tecniche. Ad esempio, potresti sfruttare il sistema di annunci sponsorizzati di Google AdWords: in pratica, si tratta di un sistema che mostra un tuo annuncio pubblicitario su questo motore di ricerca ogniqualvolta un utente cerca una determinata parola (definita *keyword*). Con questo sistema non paghi le visualizzazioni degli annunci ma un costo per ogni click che essi ricevono.

Poiché si tratta del motore di ricerca più importante al mondo, c'è un'elevata concorrenza e rischi che i guadagni ottenuti con le commissioni siano inferiori alle spese di pubblicità, causando un investimento perdente. Perciò, se sei interessato ad approfondire gli annunci sponsorizzati con Google AdWords, ti consiglio di risparmiare tempo e denaro con una formazione adeguata. Pertanto ti invito a leggere l'ebook *Fare Soldi Online con Google*, che spiega le strategie e la formula segreta per essere primo su Google AdWords e spendere al massimo 5 o 10 centesimi per click.

I programmi di affiliazione in generale sono: facili, gratuiti e rapidi. Ma prima devi occuparti di un'operazione estremamente scrupolosa: **scegliere quelli giusti**. Attraverso i motori di ricerca puoi trovare centinaia di programmi di affiliazione, ma è meglio seguire alcune regole, poiché in rete non mancano di certo le società inaffidabili.

Nel blog della Bruno Editore esiste un articolo dal titolo: *Guida ai Programmi di Affiliazione*, che spiega che, per riconoscere un buon programma di affiliazione, devi porti sei domande:

1. **I prodotti che rivendo sono di alta qualità?** È importante che tu creda nel prodotto che vendi altrimenti non riuscirai a essere convincente.
2. **L'azienda è seria e professionale?** La professionalità di un'azienda è doppiamente importante: sia per la qualità dei suoi prodotti, sia per evitare fregature! Sono tante le aziende che sono "scappate con i soldi". Controlla sempre la storia dell'azienda, da quanti anni è in piedi, se ha la partita IVA in home page (è obbligatoria per legge!).
3. **Mi danno le statistiche in tempo reale?** La cosa più importante, necessaria per verificare l'affidabilità di un programma di affiliazione è che esso abbia un pannello di controllo che indichi una serie di informazioni dei visitatori che hai portato sul sito: numero di click ricevuti, acquisti effettuati, stato dei pagamenti. In questo modo hai anche la possibilità di "testare" il programma di affiliazione, controllando se con il tempo si incrementino i parametri indicati. Oppure potresti provare ad acquistare tu stesso un prodotto per verificare se ti viene data la provvigione.
4. **Le vendite valgono anche tra un mese?** Molte aziende contano le tue commissioni di vendita solo se il cliente

compra subito dopo aver cliccato sul tuo link di affiliato. Ma che cosa succede se il cliente ci pensa qualche giorno e compra dopo una settimana? O dopo un mese? Perdi la commissione! Quindi cerca solo programmi che ti garantiscono il cliente per almeno trenta giorni; o, ancora meglio, un anno.

5. **Mi danno una percentuale almeno del 20%?** L'affiliazione in Italia è messa così male che la maggior parte delle aziende ti riconosce meno del 10%. Questo rende impossibile avere margini di guadagno soddisfacenti. Cerca programmi che ti offrano almeno il 20-30%. Come già ti ho spiegato in precedenza, rischi che le spese superino i guadagni.
6. **Hanno un catalogo di almeno trenta/quaranta prodotti?** Quando tu mandi un visitatore su un sito, questa persona deve poter scegliere in un catalogo ampio, altrimenti non troverà il prodotto che fa per lui. E se anche lo trova, poi cosa succede? L'azienda si tiene il cliente, ma tu non farai altre vendite perché non ci sono altri prodotti da pubblicizzare!
7. **Ultima domanda: è gratis?** Scegli programmi di affiliazione gratuiti e senza obblighi: in questo modo puoi provare se funzionano bene senza perdere nulla!

SEGRETO n. 2: un buon programma di affiliazione deve soddisfare una serie di requisiti, e cioè qualità, professionalità, statistiche aggiornate, durata cliente, provvigioni alte, ampio catalogo e gratuità.

Il più completo e affidabile programma di affiliazione su internet è sicuramente quello di eBay, il noto sito di aste online. L'affiliazione con eBay, la cui iscrizione è semplice e gratuita, prevede un guadagno fino a 25€ per ogni persona che porti sul sito, se questa diventerà un utente registrato attivo, che faccia cioè almeno un'offerta per un'asta online o acquisti un oggetto in formato "Compralo Subito" entro trenta giorni dalla sua registrazione. Inoltre, guadagnerai fino a 0,20€ per ogni offerta per un'asta online o per ogni acquisto in formato "Compralo Subito" proveniente dal tuo sito, sia che si tratti di un utente già registrato, sia che si tratti di uno nuovo.

SEGRETO n. 3: il programma di affiliazione di eBay è gratis, completo e affidabile.

Effettuata la registrazione, potrai scaricare banner e link pubblicitari. Questi ultimi presenteranno il tuo codice di affiliazione per identificarti su eBay quando porti un utente; ad esempio:
http://clk.tradedoubler.com/click?p=1699&**a=1434410**&g=0

eBay fornisce link pubblicitari per l'intero sito, per una categoria specifica o per un singolo prodotto. Visto che il programma di affiliazione di eBay è completo, poiché guadagni praticamente su ogni categoria di oggetti in asta e in modalità "Compralo Subito" e poiché su questo sito si vende tutto (esclusa la categoria degli oggetti vietati), hai un target praticamente infinito. Infatti, ogni giorno, tra aste online e "Compralo Subito", sono esposti quasi un milione di prodotti che puoi pubblicizzare!

Come avrai notato questo programma di affiliazione, a differenza degli altri, ti riconosce provvigioni fisse e non su percentuali. Quindi un sistema semplice ed eccezionale per guadagnare con questo programma di affiliazione consiste nel **pubblicizzare i prodotti più economici**, poiché un visitatore li acquisterebbe quasi sicuramente, specie se si tratta di prodotti che costano meno di un euro (ne troverai a migliaia).

SEGRETO n. 4: pubblicizza i prodotti di eBay più economici, poiché l'affiliazione si basa su provvigioni fisse.

Ad esempio: scegli una categoria sulla home page di eBay, tipo "telefonia" e "cellulari"m e come sottocategoria "Nokia". Ora vedrai l'elenco dei prodotti in vendita e a questo punto dovrai cliccare sul campo "mostra prima" e scegliere "più economici", perché il sito pone gli oggetti in ordine di prezzo crescente, cioè a partire da quello più economico.

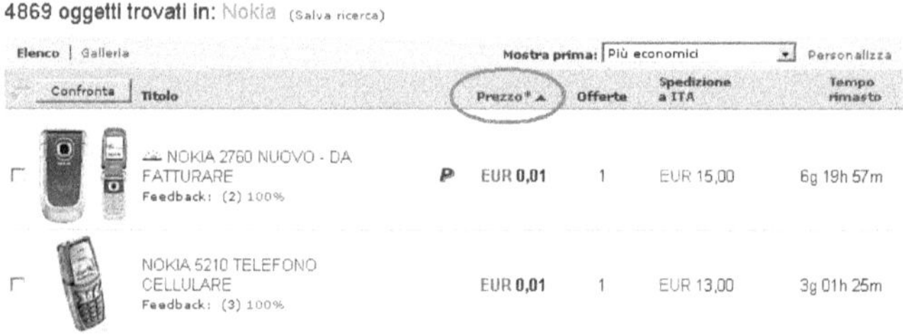

Non ci crederai, ma troverai cellulari all'asta a partire dal prezzo di un centesimo di euro!

Il programma di affiliazione di eBay si appoggia al sito TradeDoubler che raccoglie tanti altri programmi di marchi molto conosciuti: Apple, Toshiba, HP, Meetic Italy, Sky…

Anche in questo caso hai moltissime possibilità. Potresti, ad esempio, pubblicizzare qualche trucchetto sugli iPod della Apple con un video. In rete, facendo ricerche su Google, troverai tantissimi trucchi per gli iPod, ad esempio: come raddoppiare la durata della batteria oppure come entrare nel menu segreto ecc. Al termine, potresti pubblicizzare l'ultimo modello di iPod suggerendo il tuo link di affiliato per comprare direttamente dalla casa costruttrice e avere forti sconti e spedizione gratuita. I marchi cui puoi affiliarti sono tantissimi e in continua crescita, quindi anche in questo caso avrai un vasto target.

SEGRETO n. 5: TradeDoubler raccoglie i programmi di affiliazione dei più noti prodotti di marche.

Per iscriverti a questo programma di affiliazione dovrai cliccare il link "Iscriviti ora" presente nella home page. L'iscrizione si baserà su tre passi. Il primo step consiste nell'inserimento di informazioni fiscali, se cioè hai una società o sei una persona fisica, la tua nazionalità ecc. Il secondo step prevede l'inserimento di informazioni personali e richiede di scegliere una login e una password per accedere al sito. Nel terzo step appare un form in cui dovrai indicare le informazioni del sito su cui intendi pubblicizzare il prodotto: nome, indirizzo, descrizione, categoria, lingua ecc.

Dopo aver accettato le condizioni, riceverai un'email per confermare il tuo account, dopodiché potrai accedere al sito dalla home page con le credenziali scelte.

Una volta effettuato l'accesso, si aprirà una pagina in cui potrai effettuare una ricerca tra i vari programmi di affiliazione disponibili. Inizialmente, ti consiglio di affidarti a quelli indicati dal sito come migliori programmi di affiliazione.

In ogni caso, per ciascun programma di affiliazione avrai una dettagliatissima scheda che fornisce tutte le informazioni utili per gli affiliati. Scelto il programma giusto, non dovrai fare altro che inviare la richiesta di adesione cliccando l'apposito link, e attendere via email la risposta di approvazione.

Un altro sito che raccoglie molti altri programmi di affiliazione è ClickBank.

Questo sito statunitense raccoglie prodotti di marche meno note ma di tutto il mondo. Vanta oltre 100.000 affiliati grazie al fatto che offre provvigioni fino al 75% e ci sono oltre 10.000 prodotti da promuovere.

SEGRETO n. 6: ClickBank raccoglie i programmi di affiliazione di marche meno note ma di tutto il mondo.

Il fatto che sia un sito straniero (in lingua inglese) è un enorme vantaggio, poiché le risorse web presentate in questo ebook non sono diffuse solo in Italia, pertanto avrai la possibilità di pubblicizzare il tuo prodotto in tutto il mondo, ottenendo guadagni strepitosi.

Anche l'iscrizione a questo sito è molto semplice. Dovrai innanzitutto registrarti cliccando il link "Sign Up". A questo punto apparirà una maschera in cui dovrai indicare i tuoi dati. Poiché è in inglese, ti riporto di seguito la traduzione dei nome dei campi obbligatori:

- *country* = nazione;
- *payee name* = nome completo;
- *street/PO box* = indirizzo;
- *city* = città;
- *state/province* = provincia;
- *zip/post code* = C.A.P.;
- *your first name* = nome;
- *your last name* = cognome;
- *your email address* = indirizzo email;
- *your phone number* = numero telefonico;
- *address of your web site (if any)* = indirizzo sito web;
- *nickname* = login.

A questo punto ti arriverà un'email che ti confermerà la registrazione e ti fornirà la password per accedere al sito.

Successivamente, dalla home page del sito, cliccando su "My Account", potrai indicare le tue credenziali e accedere al sito. A questo punto potrai promuovere i prodotti e guadagnare con le provvigioni. Per scegliere i programmi di affiliazione dovrai cliccare il link "Marketplace". In questa pagina potrai fare una ricerca dei prodotti da promuovere per parole chiave o per categoria.

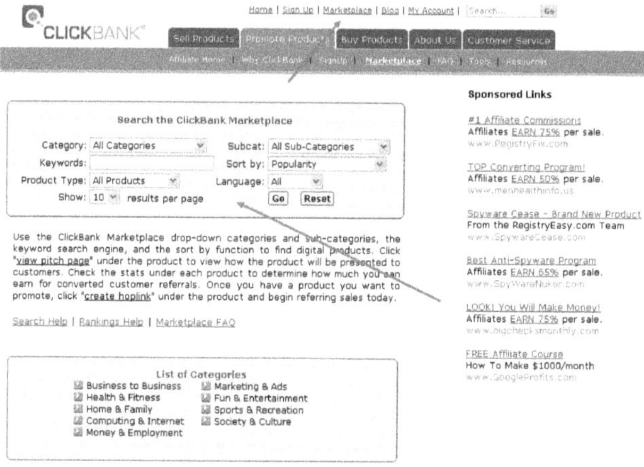

Come vedi, per ciascun programma di affiliazione ti verranno mostrate una serie di informazioni, tra cui "%/sale" che indica la provvigione espressa in percentuale che ti verrà riconosciuta per ogni vendita che avrai generato. E, come vedi, sono percentuali molto alte: 50%, 60% e alcune addirittura il 75%!

Un altro sito che raccoglie molti altri programmi di affiliazione è quello di AlVerde.

Questo sito italiano raccoglie centinaia di programmi di affiliazione di ogni genere.

- Abbigliamento ed intimo (6)
- Affiliazioni multiple (4)
- Articoli per la casa (4)
- Articoli sportivi (8)
- Assicurazioni (2)
- Automobili (9)
- CD e DVD (12)
- Cibi e Bevande (11)
- Computer, accessori e hi-tech (33)
- Consulenza legale e fiscale (4)
- Fiori e piante (2)
- Foto e stampe (12)
- Gadget (5)
- Giochi e scommesse (9)
- Gioielli (4)
- Hosting (33)
- Incontri online (13)
- Libri e riviste (15)
- Loghi, Suonerie, MP3 (2)
- Motori di ricerca (7)
- Network di affiliazioni (10)
- Pay per click, impression e popunder (15)
- Prodotti cosmetici (5)
- Prodotti immobiliari (5)
- Prodotti per ufficio (5)
- Promozione siti web (11)
- Salute, diete e fitness (11)
- Servizi bancari e finanziari (11)
- Servizi telefonici (16)
- Servizi web (26)
- Software (16)
- Varie (46)
- Viaggi e vacanze (35)

Come vedi, anche in questo caso hai tantissime possibilità, e tra queste troverai programmi di affiliazione relativi ai "Logo e Suonerie" per cellulari, molto diffusi tra i giovani.

SEGRETO n. 7: il sito di AlVerde raccoglie tantissimi programmi di affiliazione consentendo un elevato target.

Un altro programma di affiliazione, molto affidabile e molto redditizio è quello di PayPal. Questo sito è fortemente utilizzato nell'e-commerce, perché consente di effettuare pagamenti su eBay o su altri negozi online. Registrandoti gratuitamente, viene aperto un conto virtuale; dopodiché è possibile effettuare o ricevere pagamenti, con carte di credito Visa e MasterCard e con carte prepagate dei circuiti Visa Electron.

PayPal è nata nel 2000, e a partire dall'ottobre del 2002 è stata acquisita da eBay. Attualmente questo servizio è disponibile in 190 paesi del mondo e vanta circa 123 milioni di conti attivi.

Affiliandoti gratuitamente a PayPal, ogni volta che un nuovo commerciante sottoscrive un conto Premier o Business, tramite il tuo link o banner inizierai immediatamente a ricevere lo 0,5% del suo volume di pagamenti, fino a un massimo di 1000€.

SEGRETO n. 8: il programma di affiliazione di PayPal consente elevati guadagni per ogni nuovo commerciante che porti sul sito.

Potresti, ad esempio, pubblicizzare con un video questo sistema di pagamento, illustrando come integrare PayPal in un sito per accettare pagamenti con carta di credito, aprendo le porte a migliaia di nuovi clienti, con un sistema rapido e sicuro.

Un altro programma di affiliazione pieno di possibilità, potrebbe essere quello di una completa libreria online, come quello di Macrolibrarsi.

Questo programma, completamente gratuito, offre fino al 15% di provvigione su ogni vendita di libri, cd, riviste e dvd. In questo sito troverai molti libri con lo sconto del 15%. Potresti pubblicizzare proprio quelli perché, come ti ho spiegato in precedenza, con la pubblicità non solo devi informare gli utenti dell'esistenza del prodotto, ma devi anche motivarli all'acquisto e lo sconto è un sistema infallibile.

Con questo programma di affiliazione le provvigioni vengono riconosciute, per tutti gli acquisti effettuati dai visitatori da te presentati, per i successivi novanta giorni dal primo contatto. Accedendo in un'area a te riservata, hai la possibilità di verificare l'andamento delle vendite associate e dei click generati in tempo reale. Ti vengono inoltre forniti tutti gli strumenti per ricavare link e immagini personalizzate con il codice di affiliazione a te assegnato.

SEGRETO n. 9: Macrolibrarsi è un programma di affiliazione di librerie online, gratis e completo.

All'inizio di questo capitolo ti ho accennato dell'esistenza dei **prodotti ad alta conversione**. Ma che cosa sono? Risponderò a questa domanda citandoti una parte dell'articolo di Giacomo Bruno contenuto nel blog della Bruno Editore, che ti invito assolutamente a leggere: *Svelati i Dati di Conversione*: «La conversione è il rapporto tra click e ordini. Ad esempio, se 100 persone visitano l'ebook *Guadagnare in Immobili* e 1 persona compra, allora la conversione è 1:100, ovvero l'1%. Se comprano 2 persone su 100, la conversione è il 2%. (…) Da precisare che gli ebook che convertono meglio non sono necessariamente quelli più venduti: ad esempio *Fare Soldi Online in 7 Giorni* rimane sempre il più venduto ma il motivo è che riceve il triplo dei click degli altri. Quindi è il più venduto ma ha una conversione più bassa dei Top Ebook.»

In poche parole: conoscendo questo parametro fondamentale saprai quali sono i prodotti ad alta conversione, che naturalmente dovrai pubblicizzare in primis per ottenere una quantità elevata di vendite e provvigioni.

SEGRETO n. 10: pubblicizza principalmente i prodotti ad alta conversione di vendita per guadagnare di più.

Purtroppo, i programmi di affiliazione citati in precedenza non forniscono questo importante parametro che consentirebbe elevatissimi guadagni, ma in Italia c'è un programma di affiliazione che oltre a fornire questi dati offre tantissimi vantaggi. Questo programma di affiliazione è proprio quello della Bruno Editore.

Diventando affiliato della Bruno Editore, rivendi i prodotti per la crescita personale, professionale e finanziaria. Partecipare a questo programma di affiliazione porta a dei vantaggi incredibili:

- per ogni prodotto venduto ti viene corrisposta una provvigione del 30%, una delle commissioni più alte in Italia;
- ampio catalogo, e cioè il più vasto catalogo di ebook per la formazione di alta qualità; inoltre, ogni mese vengono pubblicati circa dieci nuovi ebook;
- alto prestigio, perché tutti conoscono il marchio della Bruno Editore (ne parlano le più grandi testate giornalistiche: il *Messaggero*, *la Repubblica*, il *Corriere della Sera*, il *Millionaire*...) e rivenderne i prodotti sarà ancora più facile;
- i pagamenti vengono corrisposti, in modo puntualissimo, trimestralmente il 25; se, ad esempio, nel trimestre di gennaio, febbraio e marzo ricavi 500€ di commissioni, il 25

di aprile, ti verrà fatto un bonifico bancario direttamente sul tuo conto corrente;

- **il cliente ti viene garantito per tutta la vita** (penso sia l'unico programma di affiliazione al mondo che ti offre questo vantaggio); infatti, quando una persona entra con il tuo codice di affiliazione e si registra, viene riconosciuto come tuo cliente per sempre e tu guadagnerai su tutti i suoi acquisti. Quindi, ogni volta che fa un ordine, anche in date differenti o per prodotti diversi, tu guadagnerai sempre tutte le commissioni;
- il sito mette a disposizione un pannello di controllo con cui puoi monitorare i click, gli ordini effettuati, le commissioni e i pagamenti; potrai inoltre scaricare banner e pubblicità già pronte per iniziare subito. Ancora: avrai un link per ogni prodotto della Bruno Editore, con il tuo codice di affiliazione (ad esempio: ebook *Lettura Veloce 3x* – http://www.apprendimentorapido.net/?**pp=10808**);
- non appena il cliente avrà effettuato l'ordine di un prodotto, sul tuo pannello troverai immediatamente la tua commissione;

- bonus e report omaggio; iscrivendoti ricevi subito degli ebook in omaggio per formarti gratis;
- guadagni anche sui sotto-affiliati; ogni volta che fai iscrivere una persona al Club Affiliati Italiani, questa diventa un tuo sotto-affiliato a vita e tu guadagni una percentuale sulle sue commissioni e sui suoi acquisti;
- l'iscrizione a questo programma di affiliazione è assolutamente gratuita.

Oltre all'altissima percentuale sulle provvigioni e alla durata a vita del cliente che porti sul sito, il programma di affiliazione della Bruno Editore **è molto più avanzato degli altri**.

Innanzitutto, ogni prodotto in vendita possiede un proprio minisito, studiatissimo per motivare il cliente all'acquisto illustrandone i benefici e i dettagli, e infine rassicurando il cliente con testimonianze di persone che lo hanno già provato e garanzie di sostituzione per qualsiasi motivo.

Queste cose garantiscono un'alta percentuale di vendita da parte dei visitatori rispetto agli altri siti di e-commerce. Inoltre, la maggior parte dei programmi di affiliazione, anche quelli più famosi, sfruttano il metodo "all'americana" in cui l'affiliato pubblicizza semplicemente il prodotto e spera che il cliente compri:

Invece, diventando affiliato della Bruno Editore guadagnerai denaro anche sugli altri 99 clienti.

Infatti nei minisiti di vendita, prima del prodotto, vengono offerti degli ebook in omaggio a chi si iscrive alla newsletter fornendo il proprio indirizzo email e l'utente che visita il sito della Bruno Editore, oltre che a comprare subito, effettuerà sicuramente ulteriori acquisti in futuro, grazie alle pubblicità inviate via email.

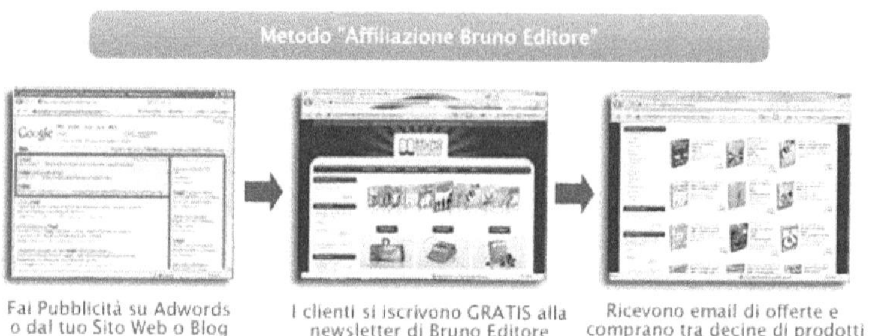

Ti garantisco che con un catalogo di oltre cento prodotti di crescita personale, professionale e finanziaria, chiunque ne trova almeno uno che lo interessi! Oggi, domani e per sempre! E visto che si tratta di prodotti di alta qualità, le persone comprano almeno altri due o tre prodotti, senza contare quei super-affezionati che comprano tutti quelli lanciati sul mercato dalla Bruno Editore, perché sanno come la casa editrice lavora!

SEGRETO n. 11: il programma di affiliazione della Bruno Editore è il più avanzato di tutti.

Quando mi iscrissi la prima volta al programma di affiliazione della Bruno Editore e cominciai a vendere i loro prodotti con una campagna pubblicitaria basata su Google AdWords con ottimi risultati, per un periodo fui costretto a interromperla, perché cambiai istituto bancario e attesi un po' di tempo per riavere la carta di credito. Per non perdere la comodità di questo strumento di pagamento e per evitare di avere fastidi nell'effettuare bonifici bancari, sospesi la campagna pubblicitaria su Google.

In quel periodo di sospensione, notai sul pannello di controllo della Bruno Editore che "misteriosamente" alcuni utenti avevano acquistato prodotti che non avevo mai pubblicizzato, perché prima non esistevano ancora.

Questo perché? Quando la Bruno Editore lancia un nuovo prodotto, invia un'email ai tutti gli iscritti alla newsletter, che vanta **oltre 275.000 utenti**, e tra questi c'erano i clienti che avevo portato io sul sito: di conseguenza ho guadagnato una provvigione senza spendere un soldo di pubblicità e senza fare niente! E la cosa bella è che saranno miei clienti per sempre!

Inoltre, la Bruno Editore propone nella newsletter non solo i nuovi prodotti, ma ripropone anche tutti gli altri cento già esistenti di vario argomento, e ogni cliente ne trova sempre almeno uno o più di proprio interesse. In pratica il guadagno è certo.

Ritornando al discorso dei dati di conversione, come ti dicevo, la Bruno Editore da qualche mese, fornisce una classifica dei prodotti ordinati secondo il tasso di conversione.

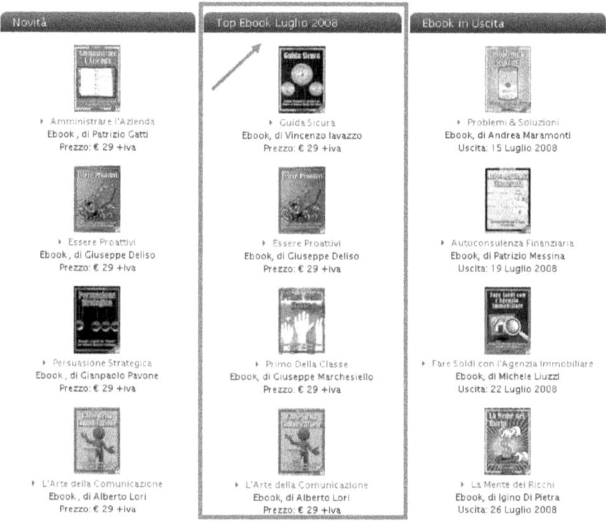

Naturalmente, dovrai pubblicizzare innanzitutto gli ebook in cima alla classifica, poiché si vendono meglio. Pensa che alcuni raggiungono percentuali di conversione pari al 3%, veramente altissime!

Ora che conosci i principali programmi di affiliazione e hai i requisiti giusti per cercarne eventualmente degli altri, puoi passare al Giorno successivo, dove comincerai a progettare le basi del tuo video.

RIEPILOGO DEL GIORNO 1:

- SEGRETO n. 1: con i programmi di affiliazione guadagni velocemente e non hai incarichi commerciali.
- SEGRETO n. 2: un buon programma di affiliazione deve soddisfare una serie di requisiti, e cioè qualità, professionalità, statistiche aggiornate, durata cliente, provvigioni alte, ampio catalogo e gratuità.
- SEGRETO n. 3: il programma di affiliazione di eBay è gratis, completo e affidabile.
- SEGRETO n. 4: pubblicizza i prodotti di eBay più economici, poiché l'affiliazione si basa su provvigioni fisse.
- SEGRETO n. 5: TradeDoubler raccoglie i programmi di affiliazione dei più noti prodotti di marche.
- SEGRETO n. 6: ClickBank raccoglie i programmi di affiliazione di marche meno note ma di tutto il mondo.
- SEGRETO n. 7: il sito di AlVerde raccoglie tantissimi programmi di affiliazione consentendo un elevato target.
- SEGRETO n. 8: il programma di affiliazione di PayPal consente elevati guadagni per ogni nuovo commerciante che porti sul sito.

- SEGRETO n. 9: Macrolibrarsi è un programma di affiliazione di librerie online, gratis e completo.
- SEGRETO n. 10: pubblicizza principalmente i prodotti ad alta conversione di vendita per guadagnare di più.
- SEGRETO n. 11: il programma di affiliazione della Bruno Editore è il più avanzato di tutti.

GIORNO 2:
Strutture ad hoc per i video

Hai finalmente scelto i prodotti giusti da pubblicizzare, cioè quelli ad alto tasso di conversione? Allora puoi passare alla realizzazione del video, ma prima dovrai elaborarne un progetto.

Il progetto del video non è altro che la sua **struttura**. È un'operazione delicata e fondamentale. Fai conto sia il progetto di una casa, sai benissimo quanto sia importante: non puoi iniziare la costruzione di una casa senza avere un progetto. Se sbagli la planimetria che fai? Distruggi la casa e la ricostruisci? In questo modo hai perso tempo e denaro. E lo stesso vale anche per il video marketing. Magari in questo caso perdi solo tempo, ma il tempo è denaro!

SEGRETO n. 12: è la struttura di un filmato che fa il successo di una campagna di video marketing.

Grazie alla mia esperienza, e soprattutto grazie al "modellamento" del lavoro altrui – discorso molto importante che approfondiremo nei Giorni successivi – ho sintetizzato tre strutture principali da impostare ai tuoi video per pubblicizzare i prodotti:

- struttura a minisito di vendita;
- struttura descrittiva;
- struttura "come fare per…".

Non crearti il problema di quale scegliere delle tre! La risposta è molto semplice: devi adottarle tutte per ogni prodotto che intendi pubblicizzare! Vale la pena fare questo lavoro: otterrai degli ottimi risultati poiché sono tutte strutture vincenti.

Le prime due mirano direttamente alla pubblicità del prodotto: ne consegue che avrai una conversione di vendita molto alta, anche se i click saranno inferiori. La terza struttura, cioè "come fare per…", presenta una conversione più bassa ma in vantaggio avrai tantissimi click e, di conseguenza, comunque le vendite risulteranno alte.

La prima, ovvero la **struttura del video a minisito di vendita** è stata adottata con successo dall'Ing. Bruno per la realizzazione delle pagine web per pubblicizzare gli ebook. È una struttura vincente, molto semplice ma efficace al 100%, per indurre il visitatore ad acquistare un prodotto.

Come ti dicevo, la struttura è molto semplice ed è suddivisa in tre parti:

- motivare;
- informare;
- rassicurare.

Visto che questo è un metodo adottato dalla Bruno Editore per pubblicizzare i propri prodotti, questa struttura la troverai già pronta: basterà che tu vada nella pagina dell'ebook in oggetto e scoprirai, appunto, che essa è suddivisa in queste tre parti. Naturalmente è consentito ispirarti ai siti della Bruno Editore esclusivamente per pubblicizzare i loro prodotti.

Il concetto di **motivare** il cliente viene sintetizzato con le parole di Giacomo Bruno: «Le persone comprano con le emozioni».

Infatti, in questa parte devi entusiasmare l'utente che guarda il video, indicando i vantaggi che offre il prodotto che stai pubblicizzando. Ad esempio: se stai creando un video su come perdere peso, invece di intitolarlo *Guida su come perdere* peso, un titolo migliore che potresti usare sarà: *Ti piacerebbe perdere chili mangiando ciò che vuoi?* In questo modo l'utente sarà più entusiasta, perché vengono evidenziati i vantaggi.

La seconda parte è il cuore del video. Devi **informare** l'utente, illustrando e spiegando l'argomento in questione. Visto che il video non è il manuale vero e proprio, non devi dilungarti troppo, ma comunque devi essere completo. Ad esempio, sempre riguardo l'ebook della Bruno Editore *Dieta 5-Sensi* potrai dare una spiegazione simile: «Attraverso questo ebook scoprirai i 51 segreti della dieta e del controllo del peso, perché il 90% delle diete tradizionali non funziona, come acquisire le abitudini delle persone magre per natura, le 5 regole per essere in forma senza più sacrifici...»

Infine, dovrai occuparti di **rassicurare** l'utente, ovvero dare sicurezza e garanzie su ciò che hai illustrato. Ad esempio: se stai creando un video sulla ricchezza e spieghi all'utente che con il manuale pubblicizzato gli permetterai di guadagnare 2000€ al mese, dovrai pure dimostrarglielo, altrimenti penserà di aver visionato la solita buffonata presente su internet, che promette rendite da capogiro ma che alla fine non rende neanche un centesimo di euro.

Quindi, ti consiglio di dar prova dei risultati, con testimonianze di persone che hanno già provato quel manuale.

Se ti affidi a siti internet competenti, avere testimonianze sarà l'ultimo dei tuoi problemi e anzi, non sarà per niente una preoccupazione. Ad esempio: se pubblicizzi un prodotto in vendita su eBay, grazie al sistema dei feedback, i tuoi potenziali clienti avranno una vera e propria garanzia di serietà dei venditori. Oppure, se pubblicizzi un prodotto della Bruno Editore, nelle relative pagine web gli utenti troveranno decine di testimonianze e un certificato di garanzia che assicura la sostituzione dell'acquisto per qualsiasi motivo.

Se segui queste regole è molto probabile che l'utente rimanga soddisfatto di questo breve video e deciderà sicuramente di approfondire l'argomento, acquistando poi il manuale completo e dettagliato che stai pubblicizzando.

SEGRETO n. 13: la struttura video a minisito induce alla vendita motivando, informando e rassicurando l'utente.

La **struttura descrittiva** dei video è analoga a quella precedente. In pratica, come dice la parola stessa, *descrive* il prodotto mirando alla vendita. È stata adottata con estremo successo dai video per pubblicizzare gli ebook di Giacomo Bruno, che probabilmente è stato uno dei primi in Italia a scoprire il vantaggio del video marketing.

Ti illustrerò questa struttura proprio con il testo di un video pubblicitario di Giacomo Bruno: «Ciao e grazie per esserti interessato a *Guadagnare con Emule e Youtube*. Il primo ebook che ti spiega passo dopo passo come crearti delle rendite automatiche attraverso i siti e i file sharing più importanti del mondo. eMule ha avuto oltre 300.000.000 di download in pochissimo tempo. YouTube ha milioni di video e ogni giorno centinaia di migliaia di video nuovi. Questo significa una popolazione, un'utenza enorme. Un bacino di persone che ti possono conoscere attraverso appositi video, attraverso report, ebook, diffusi attraverso YouTube e attraverso eMule.

Infatti, immagina questo: invece di utilizzare eMule come fanno in molti per trafficare materiale illecito, immagina di usarlo in maniera corretta e lecita. E attraverso delle guide capire come diffondere il tuo materiale con tuoi link, ad esempio di affiliazione o con link sui tuoi prodotti, e quindi portare a una vendita. In questo modo puoi guadagnare del denaro attraverso questi strumenti enormi di diffusione. Ti auguro di leggere questo libro con molta attenzione, di seguire le guide passo passo. E quindi buona lettura!»

In pratica, questa struttura spiega il **succo** dell'ebook. Spiega che si può guadagnare del denaro, attraverso i siti e i programmi di condivisione dei file e dei video, diffondendo dei manuali e dei filmati in cui pubblicizzare dei link verso i propri prodotti, o verso programmi di affiliazione per generare vendite e fare soldi. Visto che in questa struttura la parte audio è mirata alla spiegazione del contenuto dell'ebook, come parte video puoi mostrare la copertina dell'ebook in oggetto e sfogliarlo rapidamente.

SEGRETO n. 14: la struttura video descrittiva mira alla vendita di un prodotto illustrandone il succo.

Per darti un'idea del ritorno economico che può offrirti questa struttura video, voglio porti in esempio proprio i video di Giacomo Bruno presenti su YouTube. Ce ne sono oltre 50 e hanno generato in totale più di 300.000 visualizzazioni. Una campagna pubblicitaria simile sarebbe costata con il Pay-Per-Click decine di migliaia di euro, e invece non è stato speso neanche un centesimo!

Questa struttura video, come quella precedente, mira direttamente alla vendita del prodotto e, come ti spiegavo, ne consegue che avrai un alto tasso di conversione in termine di vendite, anche se i click saranno inferiori, rispetto alla terza struttura che tra poco vedrai.

Non pensare che la terza struttura, poiché fornisce più visite sia migliore e quindi utilizzi solo quella. Come ti accennavo, è necessario utilizzarle tutte e tre poiché sono complementari. Inoltre, se per le prime due avrai meno click ma un'alta conversione, le vendite saranno pressappoco proporzionali alla terza struttura che genera più visite ma presenta una conversione più bassa:

	Visualizzazione	**Conversione**	**Vendite**
1° struttura	1000	1%	10
2° struttura	1000	1%	10
3° struttura	2000	0,5%	10

Come vedi, facendo un calcolo teorico il numero delle vendite è uguale per le tre strutture, e da questi dati capisci molto chiaramente il perché utilizzarle tutte: **le vendite si triplicano**.

Dunque, l'altra struttura che dovrai adottare ai tuoi video è quella che definisco **"come fare per..."**, il cui nome deriva dall'omonima categoria presente su YouTube. In pratica, con questo video devi spiegare qualcosa all'utente, magari un sistema, meglio ancora se un trucchetto, estratto dal prodotto che intendi pubblicizzare. In questo modo l'utente resterà colpito dal segreto o dalla tecnica che gli avrai mostrato e deciderà di acquistare il prodotto pubblicizzato per conoscere tutti gli altri.

SEGRETO n. 15: la struttura "come fare per..." illustra dei segreti o delle tecniche di un prodotto, incrementando notevolmente le visualizzazioni del video.

Ad esempio: ho avuto un estremo successo creando un video che mostra come fare per avere 100 feedback eBay in 24 ore, sistema che ho estratto dalla lettura di *Fare Soldi Online con Ebay*. Si tratta di un trucchetto semplicissimo, ma molto efficace. Inoltre, questo video ha ricevuto tantissime visualizzazioni rapidamente, poiché non è solo uno spot pubblicitario, a differenza delle due strutture precedenti, ma è un video che spiega un sistema molto utile ed efficace, quindi è molto ricercato, consigliato e visualizzato.

Non a caso, la categoria video di YouTube "come fare per..." è una tra le più viste. Naturalmente, la conversione delle vendite e un po' inferiore rispetto alle strutture precedenti, poiché quando un utente cerca qualcosa e il risultato lo soddisfa, può succedere che non approfondisca più di tanto la ricerca acquistando un manuale. Però tu puoi attirarlo dicendo che acquistando il manuale può conoscere altre decine di questi segreti (proprio quello che offrono gli ebook della Bruno Editore). Inoltre, come hai visto nel calcolo teorico precedente, anche se la conversione è inferiore, le vendite vengono compensate dal maggior numero di visualizzazioni del video.

Naturalmente ti chiederai come ricercare questi trucchetti, spiegazioni e sistemi. È molto semplice: se pubblicizzi prodotti della Bruno Editore basterà che tu acceda al blog più importante per la formazione.

In questo blog oltre a Giacomo Bruno scrivono oltre ottanta autori, fornendo notizie e articoli preziosissimi sulla formazione per la crescita personale, professionale, finanziaria. Potrai realizzare tantissimi video ispirati a questi articoli, pubblicizzando i relativi ebook. Non avrai neanche problemi di concorrenza. Sono quasi cento i nuovi articoli pubblicati ogni mese, senza contare quelli precedentemente pubblicati, e la maggior parte di essi appartengono alla categoria del "come fare per…".

Ti assicuro che troverai davvero tanti articoli interessanti che colpiranno gli utenti. Esempi di articoli "come fare per…" con cui potrai realizzare un ottimo video sono quelli di Lorenzo De Santis, relativi al posizionamento dei siti web:

- *Un indice di Popolarità: Cosa è il PageRank*;
- *La Popolarità Web con il LINK POPULARITY*;
- *I Segreti per Aumentare Il LINK POPULARITY*;

- *I segreti degli outbound links e backlink per il Pagerank e il Link Popularity*;
- *Aumentare il TrustRank con le Keywords*.

Questi articoli, che innanzitutto ti consiglio di leggere perché ti serviranno per approfondire l'argomento "SEO", che vedrai nel Giorno 6, forniscono informazioni molto interessanti.

Risulterà inoltre molto semplice trasformarli in video. Infatti, nel primo di questi articoli, ovvero *Un indice di Popolarità: Cosa è il PageRank*, Lorenzo spiega che per valutare la popolarità di un sito esiste un programma offerto gratuitamente da Google che misura il PageRank. Magari puoi realizzare un video illustrando come scaricare e installare questo software.

Nel secondo articolo *La Popolarità Web con il LINK POPULARITY*, egli spiega che è possibile aumentare la popolarità di un sito inserendo il corrispondente link nei commenti degli articoli dei blog presenti in rete. E anche in questo caso puoi realizzare un video, andando nel sito di qualche blog e illustrando nel dettaglio questa tecnica. E lo stesso vale per gli altri interessantissimi articoli citati.

SEGRETO n. 16: nel blog della Bruno Editore troverai tantissimi articoli interessanti da trasformare in video per pubblicizzare i prodotti della Bruno Editore.

Queste tre strutture che ti ho illustrato, affinché siano vincenti al 100%, dovranno avere tutte una caratteristica in comune: la **durata** dei video. Spesso vedo su YouTube alcuni video che dalla descrizione e dai primi passi sembrano molto interessanti, ma nonostante ciò non completo la visione. Questo perché? È semplice: sono molto noiosi!

È assurdo pretendere che un visitatore resti lì sullo schermo per un quarto d'ora (e molto spesso anche per più tempo). Quindi bisogna evitare assolutamente di annoiare il visitatore. Secondo le mie indagini, ho riscontrato un estremo successo con i video della durata di un minuto, al massimo un minuto e mezzo. Questa durata è perfetta per i video a minisito di vendita e a struttura descrittiva. Se ti dilunghi troppo con questi video, rischi lo stesso problema che si corre con la maggior parte delle persone che guardano la televisione: quando c'è la pubblicità, cambiano canale!

Puoi fare un'eccezione con i video "come fare per…". Visto che questi ultimi non sono esclusivamente "spot pubblicitari", e visto che è necessario avere un po' di tempo in più per descrivere un sistema o un trucco, puoi dilungarti un pochino in più. Ma anche in questo caso non devi esagerare. Tre minuti sono più che sufficienti e credimi: dalle mie esperienze ho scoperto che il successo di un video cresce con la diminuzione della sua durata.

SEGRETO n. 17: la durata dei video non deve essere eccessiva, altrimenti rischi di annoiare l'utente.

In seguito vedrai un esempio per ogni struttura video-illustrata, per farti avere una visione pratica e – perché no? – per avere già dei video pronti da realizzare per pubblicizzare subito i tuoi prodotti, guadagnando immediatamente.

ESEMPIO n. 1: ebook *Press Advertising*. Struttura: minisito di vendita (tratto da www.Autostima.net)

«Vuoi scoprire un modo redditizio per pubblicizzare i tuoi prodotti? Vuoi conoscere le strategie di Marketing per realizzare annunci efficaci e vincenti? Scopri i segreti e i vantaggi della pubblicità su stampa!

Press Advertising – Come Pubblicizzare un Sito E-Commerce su Giornali e Riviste Offline

[...]

Attraverso questo ebook scoprirai:

- come fare web marketing senza concorrenza;
- come creare rendite con le affiliazioni;
- come realizzare annunci efficaci e vincenti;
- come creare facilmente layout pubblicitari;
- come guadagnare prima di aver investito;
- come riuscire a fare soldi con gli annunci online;
- cosa fare per guadagnare di più con la propria attività;
- scoprire i segreti dell'article marketing.

[...]

EBOOK CERTIFICATO DA BRUNO EDITORE

Il logo garantisce:

- solo ebook originali e di alta qualità;
- solo ebook 100% pratici;
- solo ebook di almeno 150 pagine;
- solo ebook tutti in italiano;
- solo ebook con aggiornamenti gratuiti a vita;
- solo ebook con download immediato.»

ESEMPIO n. 2: ebook *PNL Segreta*. Struttura descrittiva (tratto dal video di Giacomo Bruno)

«Ciao e grazie di esserti interessato a *PNL Segreta*, il primo libro che ti spiega passo dopo passo come imparare la Programmazione Neuro-Linguistica, come migliorare la tua comunicazione, come migliorare la tua autostima [...] come motivare te stesso e gli altri. Imparerai a gestire gruppi, imparerai a gestire i tuoi stati d'animo e le tue emozioni, attraverso una guida semplice, facile, efficace. Imparerai le tecniche e le strategie più segrete del modellamento, quel nucleo della PNL... da cui parte l'intera PNL, da cui Richard Bandler e John Grinder, i due fondatori della PNL [...] hanno creato tutte le strategie di PNL.

La Programmazione Neuro-Linguistica nasce proprio dal modellamento dei più grandi geni del mondo, i più grandi comunicatori. I più grandi guru di ogni settore possono darti le strategie migliori che ci siano in ciascuna attività.

Quindi, per migliorare la tua crescita personale, la tua crescita professionale o, addirittura, la tua crescita finanziaria ti consiglio di leggere questo libro con molta attenzione, di leggerlo e rileggerlo più volte e di applicare tutti gli esercizi presenti e le trascrizioni che potrai leggere. E quindi: buona lettura!»

ESEMPIO n. 3: ***Come fare per avere 100 feedback eBay in 24 ore.*** **Struttura "come fare per..."**

«Ciao e grazie di esserti interessato a *100 Feedback eBay in 24 ore*. Una tecnica straordinaria che ti consente di essere "classificato" come ottimo venditore, nel più noto sito di aste online.

La prima fase prevede la creazione di un nuovo account su eBay il noto sito di aste online.

Successivamente, dalla home page del sito effettua una ricerca di tutti i prodotti, impostando come ordine crescente il prezzo. In questo modo avrai per primi i prodotti più economici.

Acquista almeno cento prodotti da venditori diversi, dal costo di un centesimo.

Facendo così, con un solo euro, avrai guadagnato cento feedback, ottenendo la fama di ottimo venditore.

Questa tecnica presentata è solo uno dei numerosissimi trucchi e segreti del famoso ebook *Fare Soldi Online con Ebay*. Per maggiori informazioni consulta il sito: http://www.faresoldionlineconebay.net.

Grazie per l'attenzione.»

Come vedi, nelle prime due strutture, ovvero quella a minisito di vendita e quella descrittiva, non ti ho allegato gli screenshot, poiché, come ti ho spiegato in precedenza, visto che in questi casi la parte audio è mirata alla spiegazione del contenuto dell'ebook, come parte video puoi mostrare la copertina dell'ebook in oggetto e sfogliarlo rapidamente.

Nella struttura "come fare per…" ti ho allegato le immagini per farti capire che in questo caso la parte video è fondamentale, poiché aiuta nella descrizione del sistema illustrato.

RIEPILOGO DEL GIORNO 2:

- SEGRETO n. 12: è la struttura di un filmato che fa il successo di una campagna di video marketing.
- SEGRETO n. 13: la struttura video a minisito induce alla vendita motivando, informando e rassicurando l'utente.
- SEGRETO n. 14: la struttura video descrittiva mira alla vendita di un prodotto illustrandone il succo.
- SEGRETO n. 15: la struttura "come fare per…" illustra dei segreti o delle tecniche di un prodotto, incrementando notevolmente le visualizzazioni del video.
- SEGRETO n. 16: nel blog della Bruno Editore troverai tantissimi articoli interessanti da trasformare in video per pubblicizzare i prodotti della Bruno Editore.
- SEGRETO n. 17: la durata dei video non deve essere eccessiva, altrimenti rischi di annoiare l'utente.

GIORNO 3:
Modellare i video di successo

«Il modellamento consente di raggiungere l'eccellenza con le strategie dei più grandi geni. La PNL ti fa capire come prendere dagli altri le migliori strategie per il successo. Imparare a modellare significa risparmiare tempo e raggiungere velocemente risultati concreti e immediati!»

Giacomo Bruno

Ho voluto iniziare questo capitolo con le parole di Giacomo Bruno riguardo l'**arte del modellamento**. Il modellamento viene in aiuto in svariati settori e anche nell'ambito del video marketing è una strategia da prendere assolutamente in considerazione.

Innanzitutto: che cosa è il modellamento? Si tratta di uno straordinario strumento di studio delle persone di successo, per acquisire le loro strategie, nuove abilità concrete nel nostro lavoro o nella nostra vita di relazione. Il modellamento consente di raggiungere l'eccellenza modellando le persone più importanti nel loro settore. In questo modo avrai la possibilità di risparmiare tantissimo tempo, *imparando dagli errori degli altri e da strategie già ottimizzate.*

Naturalmente, in questo capitolo non ti illustrerò come fare per modellare gli altri nell'ambito generico della crescita personale, professionale o finanziaria, poiché non è argomento di mia competenza, ma ti illustrerò alcune tecniche per applicare questo studio nell'ambito del video marketing.

Probabilmente ti chiederai: «Perché modellare gli altri video? Le nozioni fornite in questo ebook non sono sufficienti? Le strutture proposte sono inadeguate?» La risposta è molto semplice. Innanzitutto, c'è sempre da imparare in un mercato in continua evoluzione. Come ti accennavo nelle pagine precedenti, il video marketing è un fenomeno che ha subito una crescita esponenziale. Fino a poco tempo fa la parola "video marketing" era sconosciuta in Italia e poche persone, con tecniche scadenti, riuscivano a trarre dei profitti con questa nuova forma pubblicitaria.

La stessa cosa successe alle origini per posizionare le pagine web nei motori di ricerca, sistema definito "SEO", dalle iniziali dell'inglese "Search Engine Optimizator", in italiano: *ottimizzatore per i motori di ricerca.* All'inizio, per posizionare un sito su un motore di ricerca era sufficiente indicare qualche parola chiave, non troppo generica, in apposite parti del codice HTML di una pagina web. Oggigiorno ciò è molto difficile: c'è una concorrenza spietata. Le pagine web sono milioni e bisogna affidarsi a delle massicce strategie e tecniche SEO per posizionarsi nel web.

Con il tempo si scoprì che il posizionamento aumentava con una buona densità di parole chiave nelle pagine... Poi non fu più sufficiente: si scoprì l'importanza dei link che puntavano alla pagine… E neanche questo cominciò a bastare! Quindi per il SEO occorrono delle tecniche in continua evoluzione, poiché mentre un giorno risulti tra i primi posti nei motori di ricerca, in un altro perdi notevolmente posizionamento.

Lo stesso vale per il video marketing. Se vai su YouTube e fai una ricerca indicando "guadagnare con il web", scoprirai che esistono centinaia di video che parlano di questo argomento e le loro visite hanno valori compresi da qualche decina fino a migliaia di visualizzazioni. Quindi, anche in questo mercato la concorrenza è in espansione, e anche in questo caso occorrono strategie e tecniche in continua evoluzione.

In questo ebook troverai le migliori strategie del momento. Inoltre, la Bruno Editore ti fornirà gratuitamente la nuova edizione di questo ebook nel caso di future revisioni. Ma, nel frattempo, ti offro le strategie per far sì che tu stesso sia **sempre** un passo avanti rispetto alla concorrenza. E per fare ciò dovrai servirti delle tecniche di modellamento.

Ancora: io stesso ho utilizzato tecniche di modellamento, ispirandomi ai video di Giacomo Bruno per i suoi ebook. E il risultato è stato straordinario: risparmio del tempo, guadagno immediato, tecniche di video marketing gratuite!

SEGRETO n. 18: il modellamento consente di risparmiare tempo, imparare dagli errori altrui e avere strategie già ottimizzate.

In seguito vedrai alcuni casi di studio dei video al top di visualizzazioni su YouTube, il più grande portale di video sharing esistente al mondo. Non ti mostrerò questi video per copiarli. C'è una bella differenza tra *copiare* e *modellare.* Ti farò invece capire quali sono i fattori che li hanno resi interessanti, con cui hanno "sfondato" su YouTube.

Per fare questo studio dei top video, dovrai entrare nel sito di YouTube, scegliere la voce "video", selezionare la categoria "come fare per...", che è quella che ci interessa, e infine scegliere la voce "i più visti (in assoluto)".

SEGRETO n. 19: modella i top video pubblicati su YouTube nella categoria "come fare per…".

Praticamente apparirà l'intera categoria dei video "come fare per…" in ordine di visualizzazioni. Ti premetto che sarà necessario un bel lavoro di selezione; infatti, non tutti rispettano la scelta della categoria, spesso volutamente per ottenere maggiori visite.

Primo caso di studio: ***Esplora il cielo con Google Earth***

http://it.youtube.com/watch?v=-P_jQc74y0k

Questo video è stato pubblicato da circa un anno ma già ha superato abbondantemente un milione di visualizzazioni. Presenta un titolo semplicissimo e pochissimi tag, ovvero le parole chiave con cui appare il video nelle ricerche. Queste parole sono:

- Google;
- Earth;
- Sky.

Probabilmente già conosci Google Earth, un programma che ti consente di guardare dall'alto tutta la Terra, riuscendo persino a vedere gli edifici. Apparentemente stupisce che un video simile abbia avuto un così grande successo, poiché Google Earth è semplicissimo da utilizzare, ed è anche molto conosciuto: quindi non c'è alcuna novità. Però questo video non spiega come guardare la Terra: se fosse stato così avrebbe avuto sì e no un centinaio di visualizzazioni! Spiega invece come guardare il cielo e le galassie…

Sinceramente, anche a me ha colpito tanto. Infatti, non ero ancora a conoscenza del fatto che con Google Earth si potessero guardare anche il cielo, le stelle, le galassie… Mi ero sempre limitato a guardare la Terra, in particolare casa mia! Ed è stato proprio questo il piccolo particolare con cui questo video ha sfondato su YouTube: **l'informazione curiosa**.

SEGRETO n. 20: nei video attira l'attenzione degli utenti fornendo delle informazioni curiose.

Da notare la durata del video, che si aggira sul minuto e 18 secondi. Temi davvero ottimi per un video "come fare per...". Al termine del video viene pubblicizzata, in modo molto semplice, l'ultima versione di Google Earth che consente di esplorare il cielo.

Secondo caso di studio: ***Google Tricks, Hacks and Easter Eggs***

http://it.youtube.com/watch?v=gsv2g8BdRCo

Anche questo video ha "sfondato" nella categoria "come fare per...". È stato pubblicato da un anno e mezzo e già ha ricevuto quasi 1.300.000 visualizzazioni e quasi 3000 voti. Anche l'oggetto di questo video è qualcosa di comune e molto semplice da usare: esso, infatti, parla del motore di ricerca Google. Ma anche in questo caso c'è un particolare che ha reso visitatissimo questo video: la rivelazione di alcuni "trucchi".

Il titolo sembra un po' strano... infatti la traduzione sta per: *Trucchi, hack* (inteso come fare del hacking) *e uova di Pasqua con Google.* Ma sono proprio queste parole, in particolare *trucchi* e *hack*, che hanno dato successo a questo video: in esso, infatti, vengono svelati alcuni segreti del motore di ricerca più famoso del mondo.

La persona che lo ha realizzato probabilmente non ha mai pensato che sarebbe diventato un successo, e certamente non l'ha sfruttato per fare del video marketing: infatti il video non pubblicizza alcunché. Però da questo video impariamo una cosa fondamentale: **svelare i trucchi** nei video per fare marketing porta a un enorme successo.

SEGRETO n. 21: i video di successo sono quelli che svelano trucchi, segreti, nuove strategie...

Un altro particolare di questo video che lo ha reso molto diffuso è la lingua. Infatti è in **inglese**. Se hai avuto modo di leggere il mio articolo su *Il mercato internazionale della PNL*, avrai visto come lì illustravo l'enorme vantaggio che esiste nel pubblicizzare i prodotti internazionali. L'inglese è la seconda lingua più parlata al mondo (da circa un miliardo di persone), mentre l'italiano è parlato da circa settanta milioni. In proporzione, avresti una clientela potenziale superiore di quindici volte quella esclusivamente italiana.

Non deve spaventarti l'idea di creare un video in lingua inglese: puoi sostituire l'audio con del testo, proprio come succede in questo filmato di successo. Per tradurre rapidamente un testo in inglese, ti consiglio di utilizzare il traduttore di Google.

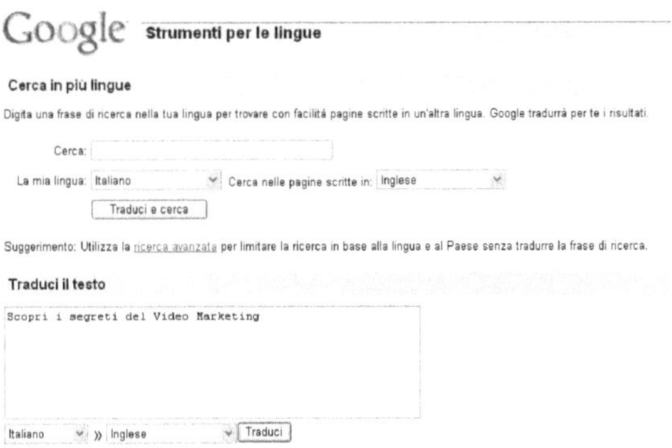

Google Strumenti per le lingue

Cerca in più lingue

Digita una frase di ricerca nella tua lingua per trovare con facilità pagine scritte in un'altra lingua. Google tradurrà per te i risultati.

Cerca:

La mia lingua: Italiano Cerca nelle pagine scritte in: Inglese

Traduci e cerca

Suggerimento: Utilizza la ricerca avanzata per limitare la ricerca in base alla lingua e al Paese senza tradurre la frase di ricerca.

Traduci il testo

Scopri i segreti del Video Marketing

Italiano » Inglese Traduci

SEGRETO n. 22: rendi internazionale e visitatissimo il tuo video traducendolo in inglese.

Terzo caso di studio: *WINDOWS XP Tricks*

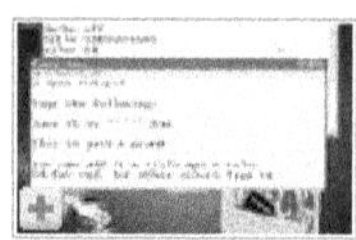

WINDOWS XP Tricks

Da: ifantastici20
Visualizzazioni: 693662
07:28

http://it.youtube.com/watch?v=t9WTviVKbFc

Ancora una volta voglio metterti in evidenza il successo che può portarti la creazione di un video in cui vengono svelati dei "trucchetti" con questo filmato che ha ottenuto in un anno circa 700.000 visualizzazioni, ma sono in continua crescita.

Voglio ricordarti che pubblicizzando gli ebook della Bruno Editore avrai il vantaggio di scoprire tantissimi trucchi, sistemi e metodi semplicemente visionando il blog.

Guardare questi video serve anche a **valutare gli errori** si che commettono. Penso che guardandolo ti sarai accorto anche tu di una cosa: è noioso! Probabilmente non hai completato la sua visione. La durata è un fattore importante del quale ti ho già fatto cenno nelle pagine precedenti. Magari questo video, se fosse durato di meno, avrebbe avuto almeno il doppio delle visualizzazioni.

SEGRETO n. 23: analizza e valuta anche gli errori nei video di successo.

Quarto caso di studio: *Cubo di Rubik. La soluzione del rompicapo* (diviso in 4 parti)

Cubo di Rubik - La soluzione del...
Da: lucatn
Visualizzazioni: 265727
09:58

http://it.youtube.com/watch?v=fMKVU_SOiaI

Immagino che tutti noi abbiamo giocato almeno una volta con il Cubo di Rubik. Queste interessantissime quattro lezioni spiegano delle strategie per risolvere questo gioco.

Cosa abbiamo imparato vedendo questi filmati di successo, che hanno totalizzato quasi un milione di visualizzazioni? Una cosa molto importante: se il video che illustra delle strategie, cioè "come fare per…", è davvero lungo, bisogna **dividerlo in più parti** di breve durata, proprio come avviene in quest'ultimo caso.

SEGRETO n. 24: se un video prevede una lunga durata, dividilo in più parti.

Quinto caso di studio: *How to Draw People* (*Come disegnare le persone*)

How to Draw People

Da: mangasprai
Visualizzazioni: 237081
03:53

http://it.youtube.com/watch?v=c5BgX_okfh4

Anche da questo video, che ha ricevuto oltre 230.000 visualizzazioni, abbiamo parecchio da imparare, compresa l'osservazione di numerosissimi errori da non commettere, evitando i quali l'autore avrebbe potuto almeno triplicare le visite!

Innanzitutto, egli ha inserito un fondo musicale inadatto e assordante per il genere di video proposto! Al posto suo, io avrei commentato l'esecuzione del lavoro con la mia voce o, al massimo, avrei escluso l'audio (questa non è una soluzione ottimale, ma sarebbe stato comunque molto migliore rispetto alla canzone impostata).

L'autore ha avuto la buona idea di pubblicizzare all'inizio il sito in oggetto, ma ha sbagliato a non rifarlo anche alla fine del video. È ancora meglio se il link del video appare per tutta la durata del filmato, magari in basso a destra. Non preoccuparti per queste operazioni: sono semplicissime, e nel capitolo successivo vedrai come fare per inserire i testi nel video.

Adesso vediamo le cose positive da modellare! Innanzitutto, questo utente ci ha "regalato" l'idea di **illustrare le tecniche dei**

propri hobby, lavori, passioni ecc. in un video, magari appartenente alla categoria “come fare per…”. Sono sicuro che tutti noi abbiamo almeno un hobby o un interesse verso una determinata attività, e realizzare un video è proprio una buona idea, poiché avremo tanto da dire sull’argomento.

Inoltre, qualsiasi sia il tuo hobby o passione, avrai sempre un prodotto da pubblicizzare. Vedi, ad esempio, quel che accade su eBay: qualsiasi parola chiave tu indichi su questo sito di aste online, troverai sempre un prodotto in vendita, che potrai pubblicizzare per guadagnare con le provvigioni.

SEGRETO n. 25: illustra le tecniche dei tuoi hobby, lavori e interessi in un video e pubblicizza un prodotto attinente.

Un’altra osservazione importante da fare riguardo YouTube, è quella sui **video correlati**. Infatti, ogni volta che guardi un filmato su YouTube, questo stesso sito propone automaticamente, in un apposito spazio a fianco, alcuni video correlati, ovvero analoghi a quello che stai guardando:

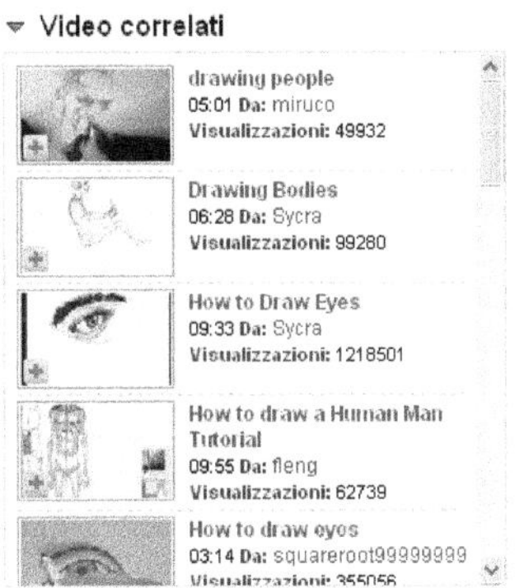

Questa opportunità viene in aiuto per guadagnare ulteriore pubblicità con i nostri stessi video. In quale modo? Ritornando al discorso di prima, cioè illustrando il nostro hobby in un video e soprattutto specializzandoci in quel ramo.

Per farti capire meglio ti pongo in esempio proprio il video in oggetto, ovvero *Come disegnare le persone*. L'utente, oltre a questo video ne ha creati degli altri: *Come disegnare gli occhi*, *Come disegnare il corpo…* YouTube capisce automaticamente che si tratta di filmati analoghi e li riporta nell'apposito spazio dei video correlati. In questo modo un utente, con una singola ricerca, andrà a guardare altri tuoi video poiché sicuramente sarà interessato all'argomento; gli saranno proposti quelli fatti da te poiché sono attinenti, e in questo modo avrai **moltiplicato le visualizzazioni**.

Quindi, se hai intenzione di condividere il tuo hobby e le tue passioni con un video, per trarre da ciò maggiori benefici e profitti dovrai **focalizzarti** su un determinato argomento.

«Mantenere il Focus è una scelta di Brand molto forte. Ma è vincente sul lungo termine. Specializzarsi in una nicchia è una scelta vincente: ti faresti operare al cuore da un chirurgo specializzato in operazioni al cuore o preferiresti il tuo medico generico? Specializzarsi richiede anche sacrifici e richiede di tagliare ogni estensione di linea. Se vuoi diventare "l'esperto di…", allora scegli la tua nicchia, quella nella quale hai già ottime competenze. Diventa sempre più forte, scrivi ebook su questo argomento e tutti li compreranno, perché tu sei l'esperto! Spiega strategie concrete e pratiche, distribuisci report gratuiti, creati un tuo blog dove parli solo di quell'argomento. Più la nicchia è "di nicchia" e più tu sei forte.»

Giacomo Bruno

Da queste parole di Giacomo Bruno, tratte da un suo articolo pubblicato nel suo blog, capisci l'importanza del **focus,** argomento trattato a lungo nel corso del Primo Evento del Club Autori Italiani, argomento che, a essere sincero, mi ha profondamente colpito.

Pensa che la Bruno Editore per restare focalizzata nel proprio brand, vale a dire quello degli ebook, ha tagliato una grossa fetta dei propri prodotti: corsi, coaching, consulenze, servizi… Apparentemente, questa scelta può stupire, poiché quelli erano servizi che comunque avevano fruttato e fruttavano molto. Ma, in realtà, tale scelta consolida il marchio Bruno Editore come numero uno nel campo degli ebook, portando enormi benefici.

D'altronde, è anche vero che numerose aziende allontanandosi dal proprio brand hanno ottenuto risultati negativi.

SEGRETO n. 26: focalizza i tuoi video su una determinata nicchia e otterrai enormi vantaggi.

Sesto caso di studio: … ***and Origami for all. 06***

http://it.youtube.com/watch?v=bejrZ-k4rrg

Questo video, che ha ottenuto oltre 200.000 visualizzazioni, è un classico della categoria "come fare per…": esso, infatti, spiega come realizzare gli origami.

Il particolare che mi ha colpito in questo video era costituito dai filmati correlati. A essere sincero, penso che l'autore abbia avuto un lampo di genio, poiché ha realizzato diversi video, ognuno dei quali illustrava la realizzazione di un determinato origami. La brillante idea è stata quella di **numerare le lezioni dei video**. Devi capire che YouTube come video correlati non propone sempre quelli dello stesso autore. Anzi, ho notato che spesso tende a preferire quelli di altri.

Così l'autore, numerando i video in lezioni, agevolerà la ricerca dell'utente interessato alla realizzazione degli origami. Infatti, quando un utente scoprirà che il video ricercato è il *numero 6* (come in questo caso), andrà sicuramente a ricercare lo stesso titolo ma indicando il numero *1*, *2*, *3*, *4* e *5*… e in questo modo troverà sicuramente i video dello stesso autore.

SEGRETO n. 27: numera i tuoi video istruttivi per agevolare e incrementare le ricerche da parte degli interessati.

Video di Giacomo Bruno

http://it.youtube.com/giacomo977

Questi filmati, a differenza di quelli visiti in precedenza, non presentano la struttura "come fare per…". Si tratta, invece, di video descrittivi, e anche da questi abbiamo molto da imparare. In particolare, vista la struttura di questi video, da cui ho modellato ed elaborato quelle che ti ho illustrato in precedenza (minisito e descrittiva), analizzeremo il discorso relativo alle parole, ovvero al **titolo**, alla **descrizione** e alle **parole chiave** (tag), dal momento che Giacomo Bruno è un esperto nel campo delle keyword.

Settimo caso di studio: *Fare Soldi Online in 7 Giorni*

Fare Soldi Online in 7 Giorni: guadagnare denaro su internet
WWW.AUTOSTIMA.NET - Video introduttivo all'ebook **Fare Soldi Online** in 7 Giorni' di **Giacomo Bruno** ...

Aggiunto: 1 anno fa
Da: giacomo977
Visualizzazioni: 17326
00:47

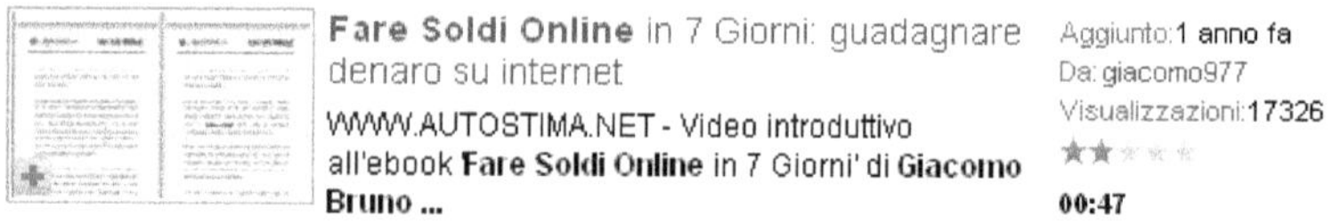

http://it.youtube.com/watch?v=e2LCNkOY_Sc

Il titolo di questo video che pubblicizza il migliore ebook realizzato da Giacomo Bruno è: *Fare Soldi Online in 7 Giorni: guadagnare denaro su internet.*

Mentre la descrizione è: *www.autostima.net – Video introduttivo all'ebook Fare Soldi online in 7 giorni di Giacomo Bruno.*

E i tag, ovvero le parole chiave, sono:

- *soldi*;
- *guadagnare*;
- *denaro*;
- *faresoldionline*;
- *minisiti*;
- *GiacomoBruno*.

Tralasciando il discorso della struttura del video (già vista) e focalizzandoci sulla parte relativa alle parole, voglio farti notare la "ripetitività" delle keyword presenti nel titolo, nella descrizione e nei tag. Non è stata posta a caso questa impostazione, bensì è questa una precisa **tecnica di posizionamento** su YouTube, che vedrai nel dettaglio nei Giorni successivi e che ha portato a un risultato eccezionale.

Infatti, digitando su YouTube la frase "fare soldi", che in generale è ricercatissima e presenta una concorrenza spaventosa, al terzo e al quarto posto dell'elenco appariranno proprio due video di Giacomo Bruno relativi a questo argomento:

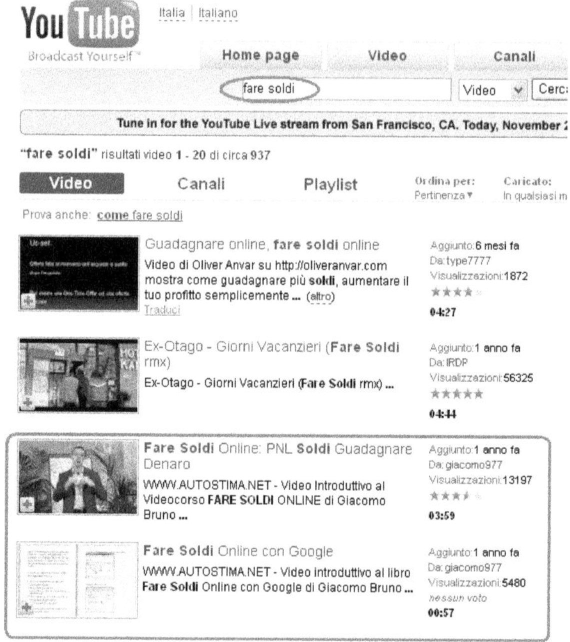

Ottavo caso di studio: *Seduzione*

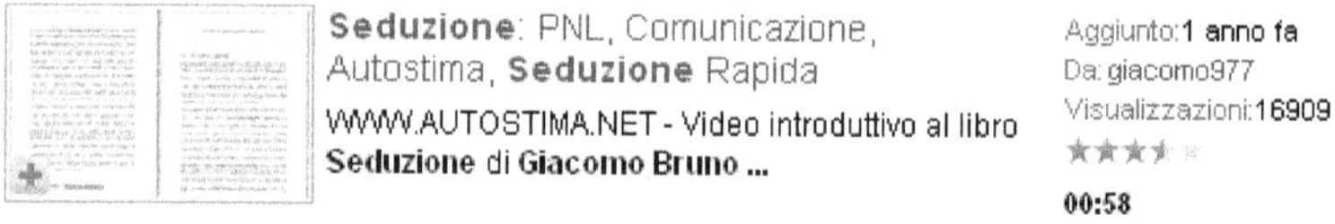

http://it.youtube.com/watch?v=vDrHatvlLrc

Il titolo di questo video che pubblicizza l'ebook *Seduzione* realizzato da Giacomo Bruno è: *Seduzione. PNL, Comunicazione, Autostima, Seduzione Rapida.*

La descrizione è la seguente: *www.autostima.net – Video introduttivo al libro* Seduzione *di Giacomo Bruno.*

E i tag impostati sono:

- *seduzione*;
- *rapida*;
- *pnl*;
- *comunicazione*;
- *autostima*;
- *GiacomoBruno.*

Anche in questo caso c'è da notare la ripetitività delle parole chiave nel titolo, nella descrizione e nei tag. Inoltre, un altro fattore da osservare è il numero delle parole chiave indicate nel campo tag, pari a sei.

Infatti non bisogna mai esagerare con la loro quantità, perché meno ne vengono indicate e maggiore sarà il loro peso in termini di posizionamento.

Anche in questo caso il risultato è notevole. Ricercando la parola chiave “pnl”, appaiono al secondo e al terzo posto i video di Giacomo Bruno, mentre con la parola “autostima” il posizionamento sale al primo e al secondo posto. Considera che queste sono parole chiave singole e generiche, quindi ricercatissime, e che presentano una grande concorrenza.

Nono caso di studio: *Guadagnare con Emule e Youtube*

http://it.youtube.com/watch?v=zqTqypgn6qI

L’ultimo caso che voglio presentarti è costituito dal video che pubblicizza l’ebook *Guadagnare con Emule e Youtube*. Anche in questo caso vengono ripetute le parole chiave e c’è da evidenziare la presenza di soli quattro tag che forniscono un elevato peso alle parole chiave.

Infatti, ricercando su YouTube la parola “emule”, il video in oggetto apparirà in prima pagina. E considera che si tratta di un risultato eccezionale, vista l'enorme concorrenza di questa parola, che normalmente è abbinata al download della musica. Mentre, specificando nella ricerca keyword del tipo "guadagnare emule" o "fare soldi emule o youtube", il video apparirà al primo posto.

Ora che hai visto le principali tecniche e gli esempi più validi per studiare e modellare i video di successo, dovrai continuare periodicamente questo fondamentale lavoro di modellamento.

Il mio consiglio è quello di fare una ricerca ogni settimana dei top video settimanali appartenenti alla categoria "come fare per...". Ti consiglio di studiare i primi dieci, escludendo naturalmente tutti quelli fuori tema... che saranno tanti!

Per ciascuno di essi dovrai analizzare i seguenti parametri:

- titolo;
- descrizione;
- tag;
- numero di visualizzazioni, considerando la data di pubblicazione;
- caratteristiche della parte video;

- caratteristiche della parte audio;
- durata;
- in quale modo viene pubblicizzato il prodotto;
- come avresti migliorato il video.

SEGRETO n. 28: analizza e modella settimanalmente i video di successo pubblicati su YouTube per trarne nuove strategie.

RIEPILOGO DEL GIORNO 3:

- SEGRETO n. 18: il modellamento consente di risparmiare tempo, imparare dagli errori altrui e avere strategie già ottimizzate.
- SEGRETO n. 19: modella i top video pubblicati su YouTube nella categoria "come fare per…".
- SEGRETO n. 20: nei video attira l'attenzione degli utenti fornendo delle informazioni curiose.
- SEGRETO n. 21: i video di successo sono quelli che svelano trucchi, segreti, nuove strategie...
- SEGRETO n. 22: rendi internazionale e visitatissimo il tuo video traducendolo in inglese.
- SEGRETO n. 23: analizza e valuta anche gli errori nei video di successo.
- SEGRETO n. 24: se un video prevede una lunga durata, dividilo in più parti.
- SEGRETO n. 25: illustra le tecniche dei tuoi hobby, lavori e interessi in un video e pubblicizza un prodotto attinente.
- SEGRETO n. 26: focalizza i tuoi video su una determinata nicchia e otterrai enormi vantaggi.

- SEGRETO n. 27: numera i tuoi video istruttivi per agevolare e incrementare le ricerche da parte degli interessati.
- SEGRETO n. 28: analizza e modella settimanalmente i video di successo pubblicati su YouTube per trarne nuove strategie.

GIORNO 4:

Realizzare video vincenti

Ora che hai le basi del video marketing, ovvero conosci i prodotti da pubblicizzare, le strutture vincenti e le tecniche di modellamento per essere sempre all'avanguardia, passiamo alla realizzazione vera e propria del filmato.

Sicuramente a casa possiedi almeno uno strumento per la realizzazione di un video: una webcam, una videocamera digitale, un cellulare con fotocamera o una macchina fotografica digitale. Questi dispositivi consentono di registrare video in formati molto diffusi, tra cui AVI e MPG. Inoltre, la maggior parte di questi strumenti è munita di interfacce per scaricare i file su computer: cavi USB, software dedicati…

SEGRETO n. 29: per realizzare il tuo video usa videocamere, cellulari o webcam.

Nel mondo dei computer i video non vengono realizzati solo con fotocamere o videocamere. Esiste anche un altro sistema, che consiste nel "catturare" e registrate tutto ciò che avviene sullo schermo del PC. Non si tratta solo di "fotografare" una singola immagine, bensì di creare un vero filmato di ciò che si fa sul video.

Ad esempio, questi programmi possono essere utili nel caso in cui volessi realizzare un filmato sul funzionamento di Google Earth, come quello visto nel capitolo precedente. Avviando la registrazione, potresti aprire Internet Explorer, andare sul sito di Google Earth, illustrarne il funzionamento, come installare il programma, come localizzare una zona...

Su internet puoi trovare decine di software che consentono la "cattura" del video. Sarà sufficiente digitare da un qualsiasi motore di ricerca una delle seguenti stringhe:

- *video capture*;
- *cattura video*;
- *cattura schermo*.

Uno dei più semplici software che ho trovato in rete, è sicuramente Super Screen Capture.

SEGRETO n. 30: il software Super Screen Capture consente di creare filmati dallo schermo del tuo PC.

Una volta installato, il programma risulterà sempre disponibile con un'icona presente in basso a destra, vicino all'orologio. Ogniqualvolta ne avrai bisogno, basterà fare doppio click sull'icona e si aprirà una barra del seguente tipo:

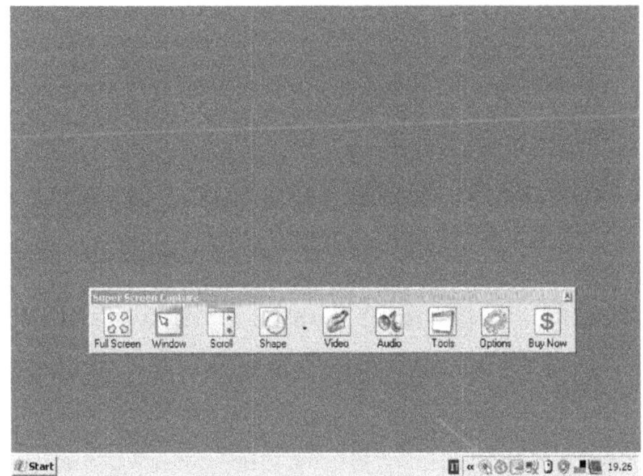

Il programma possiede diverse funzioni, ma quella che a noi interessa di più è quella per la creazione dei video. Questa operazione avviene cliccando il pulsante "Video", con cui si aprirà una finestra del seguente tipo:

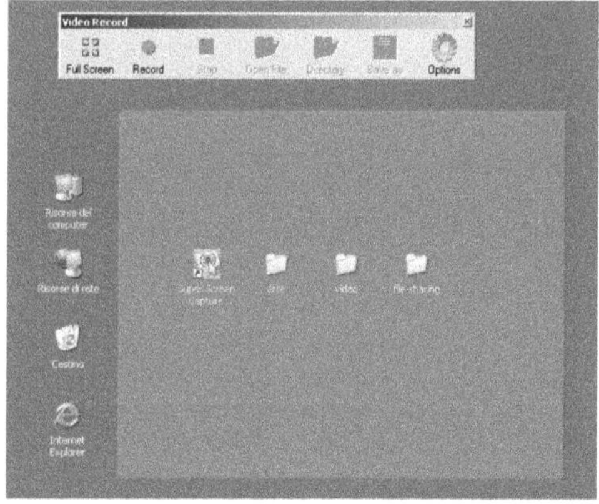

L'area evidenziata in verde rappresenta la parte che sarà "registrata". Quest'area può essere tranquillamente dimensionata a tua scelta, tenendo premuto il tasto sinistro del mouse su uno dei quattro angoli. Ti consiglio di non registrare lo schermo intero, poiché avresti un file di dimensioni molto eccessive.

Nel momento in cui premi il pulsante "Record" tutto ciò che farai in quell'area sarà registrato, fin quando non avrai premuto il tasto

"Stop". Dopodiché puoi decidere di salvare la registrazione in formato AVI, premendo il pulsante "Save As" oppure di cancellare il filmato premendo "Restart".

È particolarmente utile sostituire la pressione dei pulsanti "Record" e "Stop" con il tasto F8: in questo modo eviti che venga registrato il movimento del puntatore del mouse che va in basso e poi in alto per avviare o fermare la registrazione. Si tratta di semplici consigli, ma ti assicuro che fanno la differenza e aiutano a migliorare la qualità del video.

L'unico svantaggio che presenta Super Screen Capture è che viene rilasciato con licenza shareware, cioè viene fornito in prova per un certo periodo e poi limita le proprie funzioni.

Un altro software di screen capture molto semplice, presente in rete con licenza freeware, è CamStudio, che permette di registrare filmati video delle attività svolte sul desktop. Inoltre, con questo software è possibile integrare l'audio nel filmato attraverso il microfono.

SEGRETO n. 31: il software CamStudio è analogo a Super Screen Capture, con il vantaggio che è freeware.

Una volta che sarai entrato nel sito ufficiale di CamStudio attraverso l'indirizzo web che ti ho indicato, dovrai scendere in fondo alla pagina e cliccare il link con il file eseguibile.

So where can I get it and how much does it cost?

You can download and use it completely free - yep - completely 100% free for your personal and commercial projects as CamStudio and the Codec are released under the GPL (for more details on this license, click here.)

There are no royalties or any monies to pay - although if you do use it for a commercial product, I wouldn't say no to a copy of whatever you produce ☺

Download Links

CamStudio: CamStudio20.exe

Lossless Codec: New CamStudioCodec1.4.zip | CamStudioCodec14.exe

Una volta scaricato e lanciato il file, partirà l'installazione. Dovrai spuntare la voce sulle condizioni d'uso e indicare una directory dove installare il programma.

Anche questo programma è molto semplice e intuitivo. Una volta installato e lanciato, si aprirà la finestra principale:

La registrazione del video avviene premendo F8 oppure il pulsante “Record” (cerchietto rosso), mentre per fermare la registrazione devi premere F9 oppure il pulsante “Stop” (quadratino blu). Per mettere in pausa e per riavviare la registrazione devi premere F8 oppure il pulsante “Pause” (doppi rettangolini grigi).

Per abilitare la registrazione dell’audio dal microfono devi selezionare l’opzione “Record audio from microphone” dal menu “Options”. Nel momento in cui avvii la registrazione, devi definire la posizione e la dimensione dell’area da catturare, tenendo premuto il tasto sinistro del mouse fino a stabilire il formato dell’area. Dopo aver definito l’area, partirà automaticamente la registrazione e quando avrai concluso e avrai premuto il pulsante "Stop", si aprirà una finestra in cui dovrai indicare il nome e il percorso del file del tuo filmato da salvare in formato AVI.

Una funzione molto interessante di CamStudio sono le "Screen Annotations", cioè dei titoli grafici che compaiono durante la registrazione, molto utili per pubblicizzare il sito del prodotto a cui sei affiliato. L'inserimento di questi titoli avviene selezionando l'opzione "Screen Annotations" dal menu "Tools", con cui si aprirà una finestra di lavoro dove non ti resta altro che scegliere la forma, le dimensioni e gli effetti del testo.

Le sequenze di un video, non sono costituite solo da filmati, ma anche da immagini, che unite insieme ad altre possono comporre un ottimo video. Su internet di certo non ti mancheranno queste risorse, ma devi fare sempre molta attenzione a non violare il copyright altrui.

Però, se per esempio pubblicizzi un manuale per vincere le aste con eBay e prendi qualche immagine di una pagina da questo stesso sito di aste online, per illustrarne il funzionamento, non penso che tu abbia violato il copyright: anzi, darai maggiore pubblicità al sito stesso.

Per "catturare" le immagini del video, devi premere il tasto "Stamp" presente sulla tastiera, e poi devi aprire il programma dei disegni di Windows, cioè il Paint (lo trovi nella cartella "Accessori"); da qui, seleziona la voce "Incolla" dal menu "Modifica" e il gioco è fatto!

Dato che il Paint salva i file in formato BMP, che risultano molto pesanti in termini di dimensioni, ti consiglio di alleggerirli convertendoli in formato GIF.

SEGRETO n. 32: costruisci il tuo video usando immagini catturate dallo schermo, convertite prima in formato GIF.

Esistono numerosissimi programmi su internet che consentono questa conversione, tra cui Animagic. L'operazione di conversione con questo programma è semplicissima! Basta che apri l'immagine BMP e poi con l'opzione "Save As" lo salvi scegliendo il formato GIF, e noterai che il tuo file presenterà una dimensione molto ridotta rispetto a prima.

Ora che possiedi i *pezzi* del tuo video, cioè le foto e i filmati, non resta altro che montarli, cioè unirli, operazione possibile con un programma di video editing. Ne hai già uno a disposizione installato sul tuo PC. Viene fornito con Windows, si trova nel menu "Programmi" e si chiama Windows Movie Maker. Questo programma di video editing è molto utile, perché consente di montare il video e aggiungere narrazioni, musica, titoli, effetti...

SEGRETO n. 33: usa Windows Movie Maker per montare il tuo video.

Dopo aver lanciato il Windows Movie Maker, apparirà una finestra del seguente tipo:

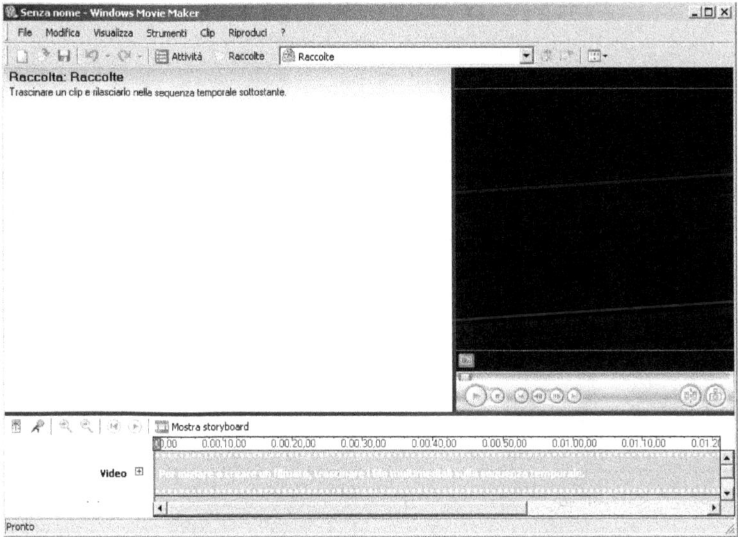

Innanzitutto, devi selezionare dal menu “File”, l’opzione “Importa nelle raccolte…”. Da qui si aprirà una finestra in cui potrai scegliere una serie di file dal tuo PC: video, immagini, suoni…

Dopo che hai scelto tutti i file che comporranno il tuo video, non resta altro che collegarli insieme nella sequenza da te scelta. Per fare ciò, devi trascinare in ordine di comparsa i file presenti nell’area raccolta, fino alla sequenza temporale presente in basso:

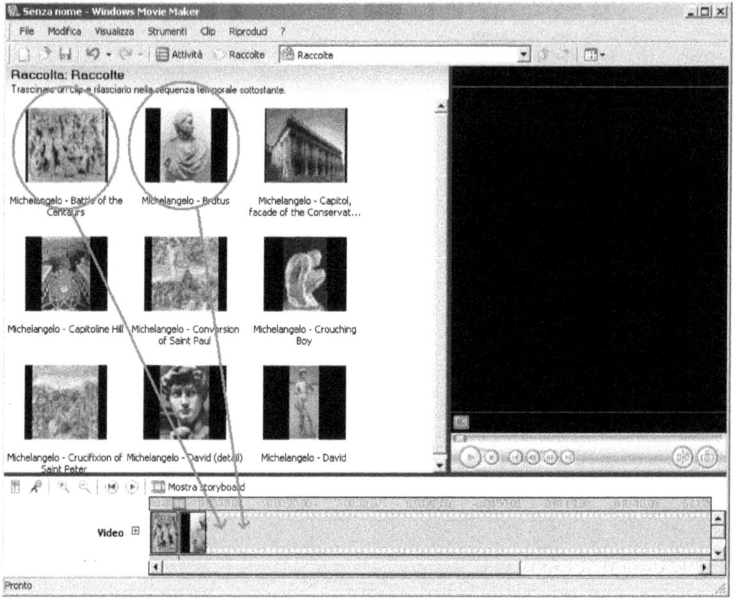

Per impostare la durata di visualizzazione delle immagini, scegli dal menu “Strumenti” la voce “Opzioni” e poi vai in “Avanzate” dove troverai il campo “Durata Immagine”, di solito impostato a cinque secondi. Invece, per quanto riguarda i video, la sequenza successiva passerà automaticamente al termine degli stessi.

A questo punto è possibile arricchire il video con l’aggiunta di titoli di testa e di coda, utili soprattutto per indicare il sito da pubblicizzare. Per effettuare tale operazione scegli dal menu

"Strumenti" la voce "Titoli e riconoscimenti…". Qui è possibile scegliere con diverse opzioni il punto in cui aggiungere il titolo: all'inizio del filmato, alla fine…

SEGRETO n. 34: aggiungi nel video titoli per pubblicizzare il tuo prodotto.

Naturalmente, visto che lo scopo principale è quello di pubblicizzare i prodotti a cui sei affiliato, occorre che l'utente visiti il sito web con il tuo codice di affiliazione, poiché questa è la condizione indispensabile affinché il sistema riconosca l'affiliato e provveda a emettere eventualmente la commissione. Certamente non puoi far apparire nel video il tuo link da affiliato: http://www.autostima.net/shopping/prodotto.php?id_prodotto=127&pp=10808.

L'utente farebbe fatica a ricordare il codice, potrebbe sbagliarlo oppure ometterlo, e in entrambi i casi perderesti la provvigione. Pertanto è necessario che tu faccia un piccolissimo investimento, acquistando un sito web. Sul sito di Aruba costano pochissimo, circa 20€ all'anno (due caffè al mese!) e ti offrono la registrazione del dominio, cinque caselle di posta elettronica e spazio web illimitato.

La scelta del nome del sito è fondamentale. In termini di marketing è un'operazione che si chiama **naming**. Ti consiglio di scegliere una parola non troppo lunga, facile da ricordare, magari priva di significato, poiché sarebbe difficile trovare liberi domini che abbiano un nome comune, ad esempio: *cellulari.it*. Dedica un bel po' di tempo alla scelta del nome del sito, poiché resterà tuo per sempre e dovrà rappresentare il tuo marchio di affiliato.

Esiste un sito molto simpatico e utile per la generazione del naming e per la verifica della disponibilità del sito: FREE Online Naming.

FREE Online Naming
Name your business, product or Website

1. Type a word, syllable or letter(s):
2. Combine your entry with: Common Words
3. Number of syllables desired: 1
4. Your entry will appear on the: Left Side Right Side
5. If you are naming a web site, add: none
6. Display 51 names per page
7. Find Names

In questo sito ti saranno richieste le seguenti informazioni:

- type a word, syllable or letter(s);
- combine your entry with…;
- number of syllables desired;
- your entry will appear on the…;
- if you are naming a web site, add…;
- display names per page;
- find names.

Il primo campo richiede una parola, una sillaba o una lettera che ti consiglio di impostare come attinente al prodotto. Il secondo campo chiede come combinare il termine indicato: con una rima, una parte della parola, un suffisso. Il terzo campo richiede il numero delle sillabe, mentre il quarto chiede se la parola indicata debba apparire a destra o a sinistra. Infine, il quinto campo chiede l'estensione del sito, il sesto richiede il numero di risultati per pagina e il pulsante avvia la ricerca del naming.

Poniamo che tu abbia acquistato il dominio *miosito.it*: per l'utente sarà sicuramente molto più semplice ricordare questo che quello composto da sigle e codici.

http://www.autostima.net/shopping/prodotto.php?id_prodotto=127&pp=10808

Non farti spaventare dall'idea di gestire un sito internet! È semplicissimo con le istruzioni che ti spiegherò in seguito. La prima pagina che il sito aprirà quando un utente digiterà il tuo dominio sarà "Index.htm".

Puoi creare un file del genere anche con il blocco note installato su Windows. All'interno del file dovrai scrivere la seguente istruzione HTML:

<META HTTP-EQUIV="REFRESH" CONTENT="0; URL=**http://www.autostima.net/shopping/prodotto.php?id_prodotto=127&pp=10808**">

Questa istruzione servirà a trasferire l'utente (tecnicamente si chiama "redirect" o "reindirizzamento") sul link indicato che ti ho posto in grassetto. In questo caso, l'utente sarà trasferito verso la pagina del prodotto della Bruno Editore con il codice di affiliazione.

Per "trasferire" le pagine web dal tuo computer verso il tuo sito internet, devi innanzitutto scaricare un programma FTP (File Transfer Protocol, cioè: *protocollo di trasferimento file*). In rete ne esistono tantissimi in versione freeware. Ti consiglio di scaricare FileZilla perché è molto semplice da utilizzare.

Una volta installato e lanciato il programma, nella finestra principale dovrai compilare i seguenti campi:

- indirizzo (ad esempio: miosito.it);

- utente (la tua login fornita dal provider del sito);
- password (fornita sempre dal provider).

Dopo che hai compilato questi campi, potrai cliccare su "Connessione Veloce", e il programma mostrerà l'elenco dei file presenti sul tuo sito. A questo punto, con un'operazione di "trascinamento" potrai copiare i file dal tuo computer (sito locale) verso il tuo sito web (sito remoto).

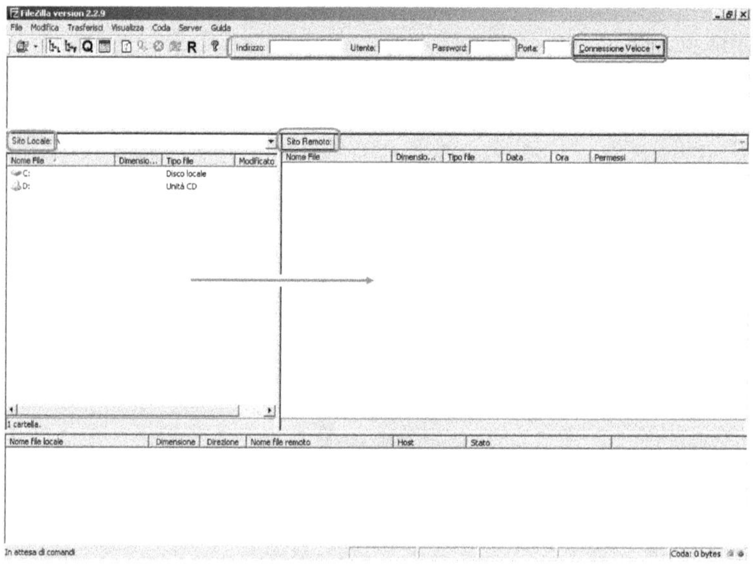

SEGRETO n. 35: pubblicizza nei video il tuo sito web di appoggio che abbia un redirect verso il link del prodotto a cui sei affiliato.

Ricorda di non fare mai un redirect verso il catalogo intero di tutti i prodotti: rischieresti che l'utente si perda! Meglio indirizzarlo direttamente alla pagina del prodotto specifico. Quindi pubblicizza il link inerente al prodotto specifico che tu hai sponsorizzato e indirizzalo direttamente nella sua pagina di vendita e non al catalogo intero.

SEGRETO n. 36: pubblicizza sempre il link che porti al prodotto interessato specifico e non all'intero catalogo.

Questa tecnica è fondamentale. Quando mi sono occupato di pubblicizzare prodotti con Google AdWords le vendite erano maggiori quando il cliente andava nella pagina del prodotto specifico, anziché su quella dell'intero catalogo.

Naturalmente, per guadagnare tanto devi iscriverti a tanti programmi di affiliazione e pubblicizzare tanti loro prodotti, ma il tuo sito (miosito.it) nell'esempio precedente l'hai posto come redirect verso un determinato ebook della Bruno Editore e non puoi di certo comprare un sito web per ogni prodotto che hai intenzione di vendere. Arriveresti a centinaia di siti web con conseguenti costi elevati!

A questo proposito ti spiego un altro sistema per pubblicizzare tanti prodotti con lo stesso sito web. Questo sistema consiste nel creare tante cartelle all'interno del tuo sito web per ogni prodotto che vendi. Ad esempio, potresti creare una cartella "Seduzione" e porre al suo interno la pagina web "index.htm" che abbia un redirect verso l'ebook *Seduzione* della Bruno Editore con il tuo codice di affiliazione, come ti ho mostrato in precedenza. Poi mettiamo che tu sia interessato a vendere l'ebook *Il Formatore*: potresti creare un'altra cartella denominata "Formatore" dove porrai un altro file index.htm che abbia questo codice:

<META HTTP-EQUIV="REFRESH" CONTENT="0; URL= **http://www.autostima.net/shopping/prodotto.php?id_prodotto=215&pp=10808**">

In questo modo, potrai creare tanti video per tantissimi tipi di prodotti differenti, e al termine puoi pubblicizzare: «Visita il sito: www.miosito.it/seduzione» per vendere l'ebook *Seduzione*.

Oppure: «Visita il sito: www.miosito.it/formatore» per la vendita dell'ebook *Il Formatore*.

SEGRETO n. 37: crea nel sito di appoggio tante cartelle per ogni prodotto in vendita, in cui ci siano file index con il redirect verso i corrispondenti link con codice di affiliazione.

Terminata la fase dell'aggiunta dei testi pubblicitari, puoi passare all'inserimento della **narrazione**, cioè alla parte audio del video. L'operazione è molto semplice: devi selezionare la voce "Narrazione su sequenza temporale…" dal menu "Strumenti". Da qui si aprirà una finestra e premendo il pulsante "Avvia narrazione" partirà il video, e contemporaneamente con il microfono devi procedere alla registrazione dell'audio: in questo modo la sequenza video e quella audio saranno perfettamente sincronizzate.

Come illustrato nell'ebook *Il Formatore* di Giacomo Bruno, riguardo le tecniche di public speaking, non basta avere un qualcosa da comunicare: l'importanza sta nel *come* comunichiamo. È essenziale saper modulare i propri toni, fare le giuste pause per creare attenzione e dare risalto con la voce ad alcune frasi e concetti più importanti.

SEGRETO n. 38: completa il video con la narrazione audio, modulando opportunamente il tono di voce.

Terminata questa operazione, devi premere il pulsante "Interrompi narrazione"; ti sarà richiesto di salvare il file audio. Dopodiché, dal menu "Riproduci" scegliendo l'opzione "Riproduci clip", potrai finalmente vedere il tuo video completo. Ci sono altre funzioni utili in questo programma, tra cui gli effetti video e la gestione delle transizioni, che servono per stabilire il modo in cui avviene il passaggio tra una sequenza e l'altra. Lascio divertire te con queste funzioni quando sarai più esperto!

Una volta realizzato il video ti consiglio di salvarlo, scegliendo l'opzione "Salva filmato", in uno dei formati più diffusi: MPEG4, MOV, AVI o MPG. Il miglior formato è MPEG4 con una risoluzione di 320x240. Inoltre, questo formato è molto leggero e consente una fluida visione del video.

RIEPILOGO DEL GIORNO 4:

- SEGRETO n. 29: per realizzare il tuo video usa videocamere, cellulari o webcam.
- SEGRETO n. 30: il software Super Screen Capture consente di creare filmati dallo schermo del tuo PC.
- SEGRETO n. 31: il software CamStudio è analogo a Super Screen Capture, con il vantaggio che è freeware.
- SEGRETO n. 32: costruisci il tuo video usando immagini catturate dallo schermo, convertite prima in formato GIF.
- SEGRETO n. 33: usa Windows Movie Maker per montare il tuo video.
- SEGRETO n. 34: aggiungi nel video titoli per pubblicizzare il tuo prodotto.
- SEGRETO n. 35: pubblicizza nei video il tuo sito web di appoggio che abbia un redirect verso il link del prodotto a cui sei affiliato.
- SEGRETO n. 36: pubblicizza sempre il link che porti al prodotto interessato specifico e non all'intero catalogo.
- SEGRETO n. 37: crea nel sito di appoggio tante cartelle per ogni prodotto in vendita, in cui ci siano file index con il redirect verso i corrispondenti link con codice di affiliazione.

- SEGRETO n. 38: completa il video con la narrazione audio, modulando opportunamente il tono di voce.

GIORNO 5:
Creare rendite con YouTube

Come ti spiegavo all'inizio di questo ebook, il video sharing, cioè la condivisione dei video attraverso la rete, è un fenomeno che negli ultimi anni ha avuto una crescita straordinaria in Italia.

Stando ai dati della Nielsen//NetRatings, la famosissima società che si occupa delle principali indagini sul mercato del web, in Italia circa il 66% delle persone connesse alla rete, hanno navigato e utilizzato almeno una volta delle applicazioni di video sharing. Questo significa che la condivisione dei video è un'opportunità unica da prendere assolutamente al volo per pubblicare i tuoi video, che visti da migliaia di visitatori al giorno incrementeranno notevolmente il numero di click ai link che pubblicizzerai all'interno dei filmati. È questo il fenomeno che negli ultimi anni ha preso il nome di **video marketing**!

Questo significa nuovi clienti, maggiori vendite ed **elevati guadagni** in termini di provvigioni.

SEGRETO n. 39: il video marketing è un'ottima strategia per fare pubblicità gratuita.

100.000.000 di video visualizzati al giorno e 20.000.000 di visitatori al mese: queste sono le cifre di YouTube, il più grande sito web per la condivisione di video.

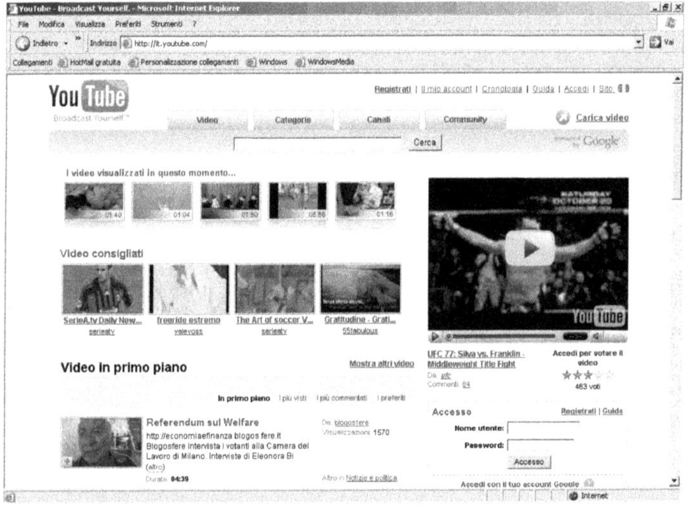

Creato nel febbraio del 2005 da tre dipendenti di PayPal, questo sito consente a tutto il mondo di condividere filmati, sfruttando la tecnologia Adobe Flash, per assicurare agli utenti la visione dei video impedendone il download.

SEGRETO n. 40: YouTube è il più grande sito per la condivisione dei video.

I video trasmessi hanno una durata massima di dieci minuti, sono provvisti di codici HTML univoci, per l'incorporazione degli stessi su altri siti web e sono sottoposti a un massiccio controllo contro la violazione dei diritti d'autore.

Gli YouTubers possono inviare i loro filmati nei formati più diffusi in rete (AVI, WMV, MOV e MPEG) e i migliori vengono premiati con particolari riconoscimenti: il più visto, il più commentato, il più votato del giorno, della settimana, del mese, di sempre… Ti lascio immaginare la pubblicità che otterresti se il tuo video avesse uno di questi riconoscimenti!

All'interno di YouTube i video possono essere ricercati per categoria o per parole chiave: il risultato fornisce il titolo, la descrizione, la valutazione e il link. Quindi, ci saranno altri utenti che valuteranno il video e potranno lasciare anche un commento.

La prima fase dell'inserimento di un video in YouTube prevede la registrazione sul sito http://it.youtube.com/signup. Dopodiché, puoi andare nell'area "Il mio account" (http://it.youtube.com/my_account) e da qui dovrai premere il pulsante "Carica nuovo video".

SEGRETO n. 41: registrati su YouTube e carica i video che pubblicizzano i prodotti a cui sei affiliato.

I principali dati che ti verranno richiesti sono:

- il titolo (massimo 60 caratteri);
- la descrizione;
- i tag separati da spazi (costituiscono le parole chiave necessarie per la ricerca, massimo 120 caratteri);
- la categoria;
- opzioni di diffusione;

- opzioni di condivisione.

Quando imposterai il titolo e la descrizione, dovrai fare in modo di attirare il visitatore, quindi devi mostrare i vantaggi che offre il tuo video. Ad esempio: se stai pubblicizzando un manuale sulla crescita finanziaria potresti impostare questo titolo: *Guadagna Soldi entro 1 ora.*

Non sei bravo a trovare titoli che attirino l'attenzione? Non c'è problema! Ti illustrerò la procedura che ho pubblicato nel mio precedente ebook *Guadagnare con Emule e Youtube*, per studiare il mercato pubblicitario di Google e per scoprire degli ottimi annunci motivanti. Il sistema è semplicissimo, ma molto efficace.

Attraverso Google effettua una ricerca indicando come parola chiave quella relativa all'argomento del prodotto in questione. La ricerca ti restituirà come risultati sicuramente anche degli annunci sponsorizzati, presenti nella colonna a destra e potrai ispirarti a uno di essi. I primi che appariranno saranno sicuramente annunci vincenti, poiché Google non favorisce solo il costo della pubblicità, ma anche il numero di click che essi ricevono.

SEGRETO n. 42: imposta il titolo e la descrizione dei video ispirandoti agli annunci sponsorizzati su Google AdWords.

Per quanto riguarda la descrizione, ti consiglio di indicare innanzitutto il nome del tuo sito web in maiuscolo e poi la descrizione del video. Ad esempio: WWW.ZEFIRANTE.IT – *Il Metodo più Veloce per Guadagnare del Denaro!*

Purtroppo il link indicato non apparirà come collegamento ipertestuale, ovvero cliccato non porterà alla pagina web, anche se ultimamente è apparso un articolo della Computer World in cui si espone che YouTube, il sito più famoso e importante di video sharing, presto offrirà la possibilità di integrare ai filmati dei link per pubblicizzare prodotti in vendita. Un motivo in più per abbinare il video sharing con il commercio elettronico!

Ricorda le regole modellate dai video di Giacomo Bruno per l'impostazione del titolo, della descrizione e dei tag. Dovrai fare in modo di garantire una "ripetitività" delle parole chiave nel titolo, nella descrizione e nei tag, e ciò per assicurati un buon posizionamento. Inoltre nel campo "tag", ti consiglio di utilizzare poche parole ma *buone*, cioè attinenti al prodotto che pubblicizzi.

Se hai difficoltà a ricercare le keyword ti consiglio di servirti dei **selettori di parole chiave**, cioè siti web con cui puoi indicare un termine per ottenerne tanti altri corrispondenti. Il miglior selettore di parole chiave presente in rete è quello di Google.

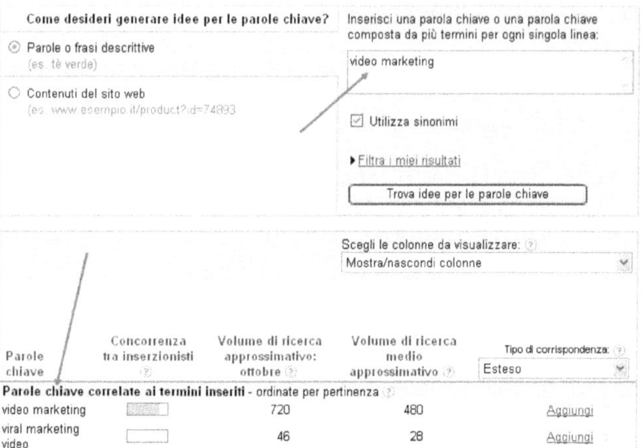

SEGRETO n. 43: ripeti le parole chiave nel titolo, nella descrizione e nel campo "tag" per avere un buon posizionamento del video.

Per quanto riguarda la categoria, quella più adatta ai tuoi video è sicuramente "Come fare per…".

In "Opzioni di diffusione" devi impostare: "Condividi il tuo video con il mondo"; e in "Opzioni di incorporamento" devi impostare: "Sì, i siti esterni possono incorporare e riprodurre questo video". Queste impostazioni sono necessarie per far diffondere maggiormente i tuoi filmati. Anche in questo caso è importante l'orario di pubblicazione. Infatti, nella home page di YouTube appaiono spesso i video più recenti e quindi non avrebbe senso pubblicare il tuo video alle tre di notte!

Proprio come avviene nei portali di e-commerce, nei quali le persone effettuano acquisti in determinati giorni e orari, anche su YouTube ci sono determinati momenti in cui gli utenti effettuano ricerche.

Posso dirti che entrambi i periodi coincidono, perché le ricerche avvengono in momenti in cui la gente non è a lavoro e si dedica al tempo libero. I momenti migliori, secondo il consiglio che si legge in *Fare Soldi Online con Ebay*, sono i festivi, come la domenica tra le 16 e le 22 e il mercoledì tra le 18 e le 22.

SEGRETO n. 44: carica i video negli orari e nei giorni in cui si effettuano più ricerche.

Anche per i video è importante avere qualche feedback, quindi potresti inviare il link del video a qualche tuo amico per avere una sua opinione. Ricorda che è assolutamente vietato fare spam, cioè inviare email a persone che non conosci.

SEGRETO n. 45: invia i link dei tuoi video ai tuoi amici per avere dei consigli.

Nelle pagine seguenti ti illustrerò la **struttura di alcuni dei miei video**, che ho realizzato in prima persona e che mi hanno portato a un ottimo ritorno di visitatori, click e provvigioni. Puoi sfruttarli come ottimi modelli per la creazione dei tuoi video e per far pratica con i software che ti ho illustrato. Inoltre, avendo già una base, puoi usarli per esercitarti nella realizzazione dei tuoi filmati.

Puoi realizzare il video in due modi: il primo, consiste nel "catturare" le immagini dei vari siti pubblicizzati e poi montarle. Oppure, potresti avviare la registrazione con CamStudio e illustrare passo passo il funzionamento del sito o del programma in modo dettagliato. Ecco, a seguire, alcuni esempi.

Primo video: ***Velocizzare eMule***

«Ciao e grazie di esserti interessato a *Velocizzare eMule*: una raccolta di tecniche, trucchi e segreti per incrementare la velocità di download del più noto software di condivisione file.

La principale regola di eMule è: più offri file in rete e più scarichi velocemente. Pertanto, è fondamentale porre il limite di upload al massimo consentito, cioè 28 Kb/s.

Non pensare che se più utenti scaricano dal tuo computer, più lenta sarà la tua connessione. Con l'ADSL le bande di upload e download sono differenti.

Le differenze fra le priorità dei file condivisi sono importanti, perciò non modificarle mai. Lascia che sia eMule a gestirle in automatico. Se utilizzi eMule per la prima volta, lascia il tuo PC acceso almeno per una notte per guadagnare crediti.

Per ottenere maggiori prestazioni in termini di velocità, prova la nuova versione di eMule-NG, che consente di scaricare fino a 700Mb in 25 minuti.

Informati su http://it.software.emule.com/emule-ng/. In alternativa puoi acquistare su eBay la patch per scaricare fino a 640Kb al secondo.

Inoltre, ricorda che eMule è anche un ottimo strumento per fare soldi, poiché consente di diffondere pubblicità gratuitamente. Visita quindi: www.autostima.net/raccomanda/guadagnare-emule-youtube/
Grazie per l'attenzione!»

Secondo video: *Guadagnare con Google*
«Ciao e grazie di esserti interessato a *Guadagnare con Google*. Se mi dedichi due minuti ti spiegherò come guadagnare fino a 3000€ al mese con internet, lavorando meno di cinque minuti al giorno.

La prima fase prevede la registrazione a uno dei tanti programmi di affiliazione presenti in internet: si tratta di siti che offrono una provvigione per ogni loro prodotto che vendi.

Con il programma di affiliazione della Bruno Editore, per ogni prodotto che vendi guadagni una provvigione del 30%. Una delle più alte in Italia: www.autostima.net/partner.

Ad esempio: se vendi un ebook il cui costo è pari a 99€, guadagni una provvigione di circa 30€.

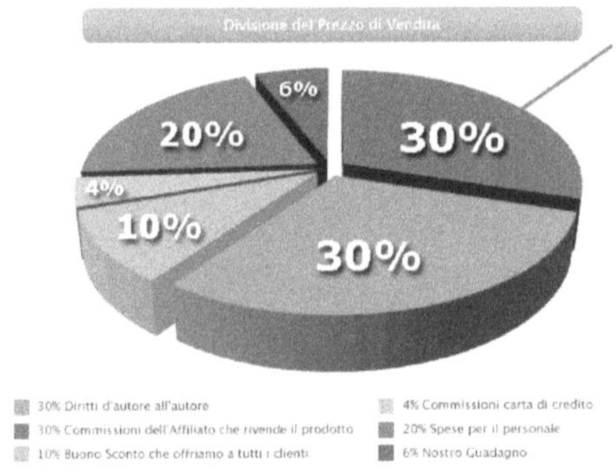

Pubblicizza il prodotto da vendere sul motore di ricerca Google con un annuncio sponsorizzato utilizzando AdWords.

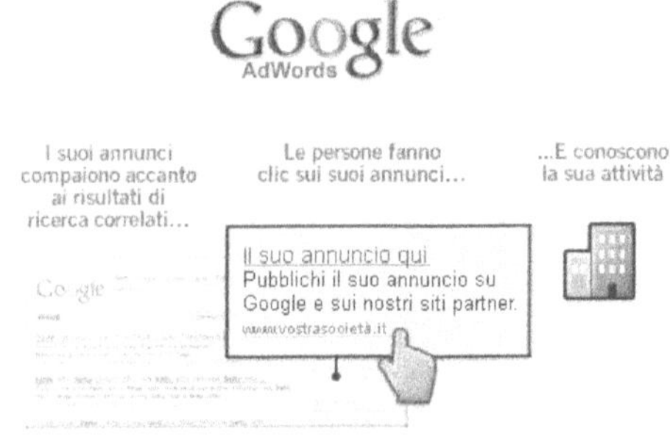

Crea un annuncio pubblicitario adatto al prodotto che devi vendere. Ad esempio:

Tu non sai Sedurre?
Neanch'io sapevo farlo!
Poi ho scoperto questa guida!
www.SeduzioneRapida.net

Indica con quali parole chiave deve apparire il tuo annuncio. Ad esempio: *seduzione*, *conquistare una donna*… Google possiede uno strumento chiamato "selettore di parole chiave", che genera automaticamente altre parole: https://adwords.google.com/select/KeywordToolExternal.

Parole chiave	Concorrenza tra inserzionisti	settembre Volume di ricerca	Volume di ricerca medio	Tipo di corrispondenza: Esteso
seduzione				Aggiungi
manuale seduzione				Aggiungi
tecniche di seduzione				Aggiungi
corso di seduzione				Aggiungi
arte della seduzione				Aggiungi
la seduzione				Aggiungi
manuale di seduzione				Aggiungi
seduzione rapida				Aggiungi
tecniche seduzione				Aggiungi
l arte della seduzione				Aggiungi
seduzione femminile				Aggiungi
test seduzione				Aggiungi
seduzione svelata				Aggiungi
corso seduzione				Aggiungi
arte seduzione				Aggiungi
sulla seduzione				Aggiungi
frasi seduzione		Nessun dato		Aggiungi
scuola di seduzione		Nessun dato		Aggiungi

Imposta il costo per click, cioè il prezzo che paghi ogniqualvolta viene cliccato il tuo annuncio. Dieci centesimi di euro è un prezzo competitivo.

Il tuo annuncio verrà mostrato su Google ogniqualvolta un utente ricerca la parola chiave da te scelta.

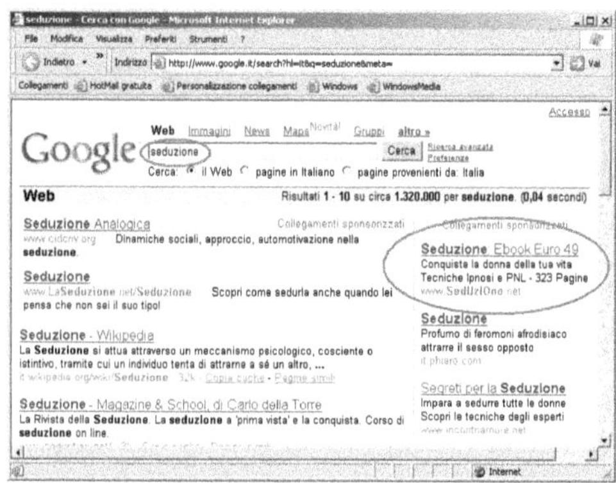

In media, con 100 click, cioè 10€ di spese pubblicitarie, vendi un prodotto da 99€, ricavi una provvigione di 30€, guadagnandone 20.

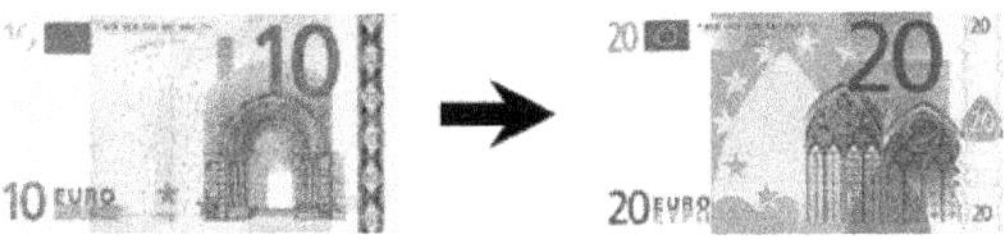

Vendendo in media cinque prodotti ogni giorno, dello stesso tipo, guadagnerai circa 100€, vale a dire 3000€ al mese.

Queste cifre valgono se vendi un solo tipo di prodotto. Sul sito della Bruno Editore ce ne sono oltre cento tipi differenti: http://www.autostima.net/shopping.

Calcola ora il tuo guadagno…

Ci sono più di 3000 affiliati che possono confermarti queste cose: www.autostima.net/partner.

Guarda le statistiche in tempo reale dei TOP 5 Affiliati:

Nome	Sito/Strategia	Ordini	Click	Conversione	Guadagno fino al 20 Ottobre2007:	Guadagno Settembre2007:
T. N.	http://www.freeperclick.net	180	7246	2.48 %	€ 4.184,82	€ 0,00
S. A.	http://adwords.google.it	79	11083	0.71 %	€ 2.192,40	€ 3.704,70
A. N.	http://adwords.google.it	31	1203	2.58 %	€ 808,80	€ 2.272,98
G. L.	http://www.ilgiardinodeilibri.it	21	1898	1.11 %	€ 545,10	€ 1.089,30
A. A.	http://adwords.google.it	16	3135	0.51 %	€ 356,40	€ 353,40

Per avere i dettagli necessari per avviare questo favoloso business, per conoscere i trucchi e i segreti per contrastare la concorrenza, spendere il minimo di pubblicità e ottenere il massimo del guadagno, consulta il sito: www.FareSoldiOnlineConGoogle.net.

Grazie per l'attenzione.»

Terzo video: *Fare Soldi con Emule e YouTube*

«Ciao e grazie di esserti interessato a *Fare Soldi con eMule e YouTube*, l'ebook che ti fornisce i trucchi e segreti per fare soldi con risorse web gratuite.

Uno dei modi più efficaci per far soldi con internet consiste nel registrarsi a uno dei tanti programmi di affiliazione. Si tratta di siti che ti offrono una provvigione per ogni loro prodotto che vendi.

Con il programma di affiliazione di TradeDoubler, per ogni prodotto che vendi, ad esempio un iPod della Apple, guadagni una provvigione.

Per vendere un prodotto, bisogna pubblicizzarlo con una delle tante risorse internet.

- **Prima risorsa:** Google AdWords
  - descrizione: annunci sponsorizzati;
  - costo pubblicità: mediamente si vende un prodotto ogni 100 click sull'annuncio. Il costo per i non esperti va dai 40 ai 60€;
  - concorrenza: altissima;

- quantità vendite giornaliere: alta.

- **Seconda risorsa:** eBay
  - descrizione: aste online e prodotti al prezzo fisso;
  - costo pubblicità: prevista tariffa di pubblicazione e percentuale sulla vendite del prodotto;
  - concorrenza: alta;
  - quantità vendite giornaliere: bassa o nulla.

- **Terza risorsa**: Yahoo Search Marketing
  - descrizione: annunci sponsorizzati;
  - costo pubblicità: mediamente si vende un prodotto ogni 100 click sull'annuncio. Il costo per i non esperti va dai 30 ai 50€;

- concorrenza: alta;
- quantità vendite giornaliere: media.

Come vedi, a causa dell'alta concorrenza, per ogni prodotto che vendi le spese di pubblicità superano la provvigione sulla vendita:

Google AdWords -30€

ebay -2€

YAHOO! ITALIA -10€

Vediamo però un'altra **risorsa:** eMule:

- descrizione: software di condivisione file;
- costo pubblicità: nulla;

- concorrenza: bassa o nulla;
- quantità vendite giornaliere: a regime, molto alta.

Grazie a questa nuova forma di pubblicità gratuita, avrai solo guadagni **senza alcuna spesa**.

TradeDoubler raccoglie tantissimi programmi di affiliazione di tanti altri prodotti. I tuoi guadagni saliranno alle stelle!

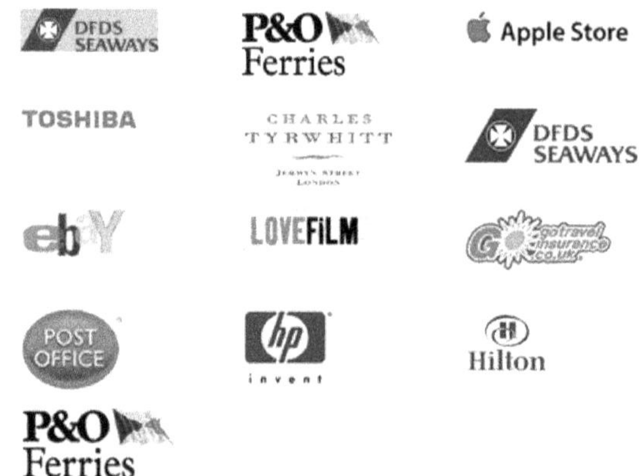

Approfitta subito di questo nuovo business a costo zero. Diventerai ricco perché per ora non c'è concorrenza e avrai l'esclusiva su questo nuovo mercato. Per avere i dettagli necessari per avviare questa favolosa attività e per conoscere i trucchi e i segreti di questo business, consulta il sito: www.Autostima.net.

Grazie per l'attenzione.»

Quarto video: ***Accettare Pagamenti Online con Carte di Credito*** **(immagini tratte da PayPal.it)**

«Ciao e grazie di esserti interessato ad *Accettare Pagamenti Online con Carte di Credito*, il manuale che ti illustra come accettare pagamenti sul tuo sito di e-commerce.

Paga con:  

Il miglior sistema di gestione pagamenti su internet è PayPal:

Questo sistema non comporta nessuna spesa fissa. Paghi solo il 4% di spese se acquistano un tuo prodotto:

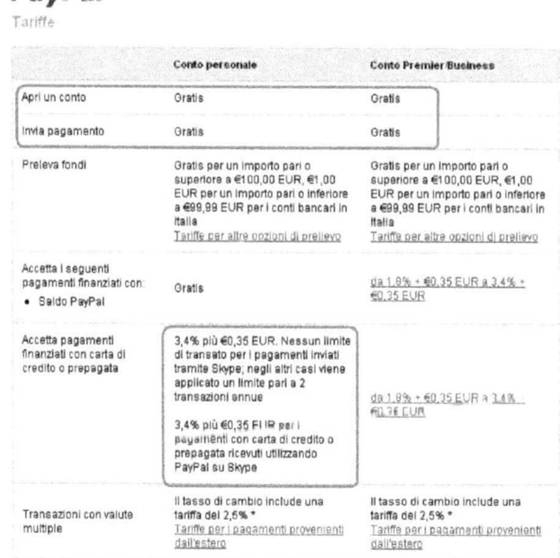

PayPal

Tariffe

	Conto personale	Conto Premier Business
Apri un conto	Gratis	Gratis
Invia pagamento	Gratis	Gratis
Preleva fondi	Gratis per un importo pari o superiore a €100,00 EUR, €1,00 EUR per un importo pari o inferiore a €99,99 EUR per i conti bancari in Italia Tariffe per altre opzioni di prelievo	Gratis per un importo pari o superiore a €100,00 EUR, €1,00 EUR per un importo pari o inferiore a €99,99 EUR per i conti bancari in Italia Tariffe per altre opzioni di prelievo
Accetta i seguenti pagamenti finanziati con: • Saldo PayPal	Gratis	da 1,8% + €0,35 EUR a 3,4% + €0,35 EUR
Accetta pagamenti finanziati con carta di credito o prepagata	3,4% più €0,35 EUR. Nessun limite di transato per i pagamenti inviati tramite Skype; negli altri casi viene applicato un limite pari a 2 transazioni annue 3,4% più €0,35 EUR per i pagamenti con carta di credito o prepagata ricevuti utilizzando PayPal su Skype	da 1,8% + €0,35 EUR a 3,4% + €0,35 EUR
Transazioni con valute multiple	Il tasso di cambio include una tariffa del 2,5% * Tariffe per i pagamenti provenienti dall'estero	Il tasso di cambio include una tariffa del 2,5% * Tariffe per i pagamenti provenienti dall'estero

Con questo conto puoi accettare sul tuo sito pagamenti con le principali carte di credito: Visa e MasterCard.

Per inserire sul tuo sito questo metodo di pagamento, apri gratuitamente un conto virtuale su PayPal:

Vai su "Strumenti per commercianti" e clicca il link "Pulsanti Paga adesso".

Riempi il modulo con le informazioni del prodotto che devi vendere: nome, prezzo... e poi clicca su "Crea pulsante":

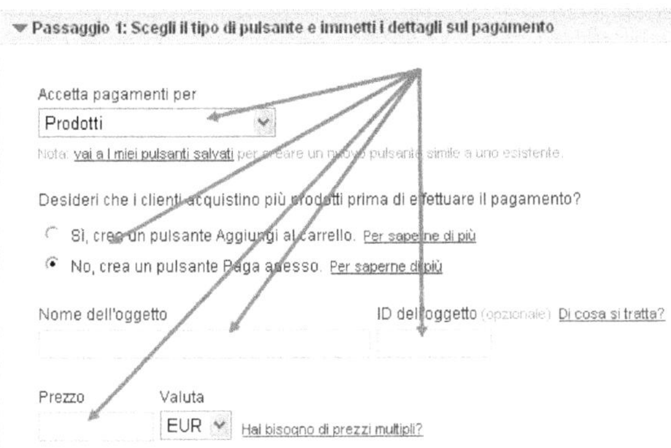

- A questo punto il sistema ti restituirà il codice HTML da mettere nel tuo sito web, in modo che in quest'ultimo apparirà un pulsante per effettuare i pagamenti:

Ogni volta un utente cliccherà su "Paga adesso" ed effettuerà il pagamento, entrambi riceverete un'email di conferma.

Il pagamento ti sarà accreditato istantaneamente sul tuo conto PayPal.

saldo PayPal	Visualizza limiti | Gestione valuta
Valuta	Saldo
Euro (Principale):	€100,00 EUR
Totale equivalente in EUR:	€100,00 EUR

Per trasferire i tuoi soldi da PayPal al tuo conto corrente bancario vai su "Il mio conto" e poi su "Preleva":

Intestazione conto:
Coordinate Bancarie
CIN: J
ABI: 00404
CAB: 04141
BBAN: J0555504044000000054141
IBAN: IT23J5555040445000000075555

IBAN: IT23J5555040445000000075555

A questo punto ti verranno chiesti i dati del tuo conto corrente bancario, su cui vuoi trasferire l'importo che desideri:

Grazie per l'attenzione.»

RIEPILOGO DEL GIORNO 5:

- SEGRETO n. 39: il video marketing è un'ottima strategia per fare pubblicità gratuita.
- SEGRETO n. 40: YouTube è il più grande sito per la condivisione dei video.
- SEGRETO n. 41: registrati su YouTube e carica i video che pubblicizzano i prodotti a cui sei affiliato.
- SEGRETO n. 42: imposta il titolo e la descrizione dei video ispirandoti agli annunci sponsorizzati su Google AdWords.
- SEGRETO n. 43: ripeti le parole chiave nel titolo, nella descrizione e nel campo "tag" per avere un buon posizionamento del video.
- SEGRETO n. 44: carica i video negli orari e nei giorni in cui si effettuano più ricerche.
- SEGRETO n. 45: invia i link dei tuoi video ai tuoi amici per avere dei consigli.

GIORNO 6:
I segreti del posizionamento su YouTube

Diverse volte nelle pagine di questo ebook ti ho accennato al **posizionamento** dei tuoi filmati nei portali di video sharing. Innanzitutto: che cosa è il posizionamento?

Come dice la parola stessa, il posizionamento è il posto occupato nei risultati di una ricerca da una pagina web, un video ecc. in seguito all'inserimento di una o più parole chiave. Questo discorso è sempre stato studiato nell'ambito dei motori di ricerca, precisamente si tratta di un fenomeno che prende il nome di "SEO" (Search Engine Optimization), ovvero: *ottimizzazione per i motori di ricerca.*

Ma, alla fine, che cosa è un portale di video sharing? Quanto è diverso rispetto a un motore di ricerca? In un certo senso c'è molta analogia tra i due: il motore di ricerca fornisce come risultati le pagine web, mentre il portale di video sharing fornisce come risultati i video. Se poniamo questo discorso nell'ambito del marketing, non cambia proprio niente: il nostro scopo sarà sempre lo stesso, ovvero far assumere al nostro video o alle pagine web un buon posizionamento per ricevere tante visite.

Anzi, ti dirò di più: è molto più importante lavorare sul posizionamento di un video che su una pagina web. Infatti, nei portali di video sharing come risultati delle ricerche puoi avere solo dei video, mentre nei motori di ricerca puoi avere come risultati sia pagine web, sia video.

Facciamo un esempio. Mettiamo tu voglia pubblicizzare l'ebook *Seduzione* di Giacomo Bruno per guadagnare con le provvigioni. Potresti agire in due modi: creare una pagina web che lo pubblicizzi, ottimizzandola per il posizionamento su Google con la parola chiave "seduzione"; oppure creare un video pubblicitario.

Nel primo caso, mettiamo che tu riesca a fare un ottimo lavoro di posizionamento, potresti ottenere con la parola chiave "seduzione" mediamente mille visite al mese attraverso il motore di ricerca. Nel secondo caso, cioè pubblicizzando e posizionando un prodotto con il video marketing, potresti avere mediamente mille visite al mese con Youtube, ma altre mille visite con il motore di ricerca Google… **vale a dire il doppio!**

SEGRETO n. 46: posizionare un video rispetto a una pagina web consente di avere fino al doppio dei risultati.

Hai dei dubbi sul fatto che Google possa indicizzare un video? Ti sbagli di grosso! Anzi, ti dirò di più: in seguito all'acquisizione di YouTube da parte di Google è stata riscontrata una rapidità elevatissima nell'indicizzazione dei video su questo importante motore di ricerca. Anzi, spesso vengono addirittura favoriti i video ai siti web.

Pertanto, lavorando sul posizionamento dei video anziché delle pagine web, potresti avere fino al doppio dei risultati. Infine, sempre grazie all'acquisizione di YouTube da parte di Google, si è riscontrato che **le tecniche di posizionamento SEO dei video sono analoghe a quelle per le pagine web**.

Quest'ultimo particolare è di importanza vitale. Sapere che l'indicizzazione dei video migliora con tecniche simili a quelle per le pagine web è per noi un notevole passo in avanti. Infatti, iscrivendoti nel sito della Bruno Editore avrai accesso all'area Free, dove troverai numerosi report riguardo l'argomento "SEO", tra cui: *SEO Article, 101% Traffico in 4 Mosse…*

Inoltre, se sei interessato all'argomento del posizionamento, ti consiglio vivamente l'ebook *Il Triangolo del SEO* di Lorenzo De Santis.

SEGRETO n. 47: il posizionamento di un video su YouTube prevede tecniche SEO analoghe a quelle utilizzate per le pagine web.

Prima di iniziare a vedere le tecniche di posizionamento *generiche*, ovvero quelle utilizzate per indicizzare anche le pagine web, vediamo prima quelle *specifiche* per posizionare un video su YouTube.

I criteri di posizionamento dei video su YouTube, si basano su quattro modalità:

- pertinenza;
- data di caricamento;
- numero di visualizzazioni;
- votazione.

Tralasciando temporaneamente il criterio della *pertinenza* (che vedrai nelle pagine successive) restano:

- *data di caricamento* (ovvero: selezionando questa opzione appariranno prima i video più vecchi);
- *numero di visualizzazioni* (cioè: verrà imposto l'ordine favorendo per primi i video più visti);
- *votazione* (cioè l'ordine imposto sarà quello dei video più votati).

Per quanto riguarda la **data di caricamento**, non possiamo proprio fare niente! Fortunatamente è molto difficile che venga scelto dall'utente come criterio di posizionamento. Anche perché il criterio impostato di default è quello della pertinenza.

Riguardo alla **votazione** puoi agire "indirettamente", ovvero non puoi impostare i voti al tuo video e non è neanche professionale chiedere a qualcun altro di farlo per te. Però, se segui le regole dettate nei Giorni precedenti riguardo alla struttura, alla scelta del prodotto, all'argomento ecc., sono sicuro che riceverai numerosi voti positivi. Inoltre, ti suggerisco un trucco per far sì che il tuo video riceva tanti voti.

Risulta chiaro che un video viene votato (eventualmente) solo dopo essere stato visto. Non è detto che se viene visto venga pure votato, ma è logico che se non viene visto non sarà mai votato! Quindi potresti aumentare i voti, incrementando il numero di visualizzazioni del video con alcune tecniche che ti illustrerò successivamente.

Il **numero di visualizzazioni** è uno dei principali criteri di posizionamento dei video. Infatti, anche se di default viene impostato il criterio di pertinenza, spesso i visitatori, tengono a scegliere quest'altro. Inoltre, come già spiegato in precedenza, i video possono ricevere il titolo "più visti" e apparire nella home page di YouTube, ottenendo una pubblicità straordinaria.

Naturalmente è molto difficile aspirare a ottenere il titolo di video più visto in "assoluto" tra tutte le categorie, ma devi almeno cercare di raggiungere il traguardo di video più visto nel mese, almeno in una determinata categoria.

SEGRETO n. 48: l'incremento delle visualizzazioni del tuo video porta a un miglioramento del suo posizionamento e della sua votazione.

Un modo per ottenere tantissimi click sul tuo video, utile anche per sponsorizzare un prodotto o un servizio su internet, è Google AdWords.

Questo servizio offerto da Google consente di sponsorizzare annunci a pagamento, che appaiono ogniqualvolta un utente ricerca sullo stesso sito determinate parole chiave che tu hai scelto. Il servizio è a pagamento: non paghi la visualizzazione dell'annuncio ma ogni click che esso riceve, il cui costo sei tu a dover stabilire insieme al budget giornaliero, cioè la spesa massima che vuoi investire in un giorno in pubblicità.

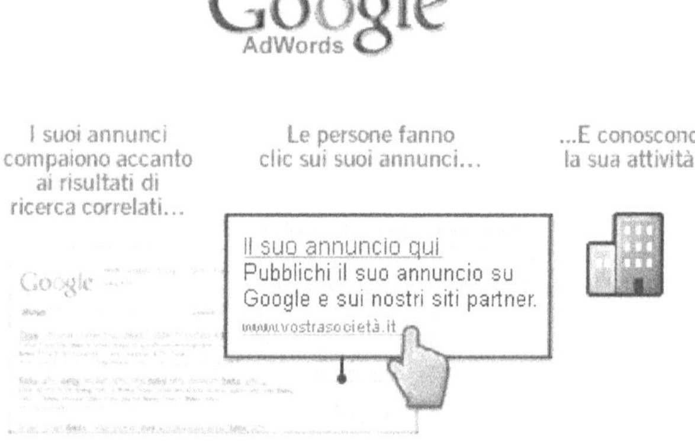

SEGRETO n. 49: aumenta le visualizzazioni del tuo video con annunci pubblicitari Google Adwords.

Non starò a spiegarti i dettagli di questo sistema, perché registrandoti al programma di affiliazione gratuito della Bruno Editore riceverai in regalo la guida completa di Google AdWords.

Un esempio di annuncio vincente che potresti pubblicare è il seguente:

Corsi Multimediali Gratis
Guadagna entro 60 minuti da ora!
Videocorso Ricchezza. 100% Gratis
www.Youtube.it

Per spendere un costo per click basso, e per apparire in testa agli annunci, ti consiglio di usare come parole chiave termini composti, ad esempio: "guadagnare con internet". Inoltre, da un recente articolo pubblicato sul sito ShinyStat, risulta che gli utenti indicano nei motori di ricerca, in maggior percentuale, termini composti da tre parole anziché da due. Ecco un esempio di termini composti che potresti utilizzare come parole chiave:

- *come fare soldi*;
- *guadagnare con internet*;
- *come guadagnare soldi*;
- *fare soldi internet*;

- *per fare soldi*;
- *fare soldi facili*;
- *fare soldi online*;
- *fare tanti soldi*;
- *guadagnare con il web.*

Mettiamo che imposti un costo per click pari a 5 centesimi, con 10€ il tuo video ottiene 200 visualizzazioni. Questo basso investimento, oltre a portarti un miglior posizionamento e un conseguente aumento del numero di visualizzazioni, ti porterà a vendere mediamente anche due prodotti, ipotizzando un tasso medio di conversione pari al 1%. Se, ad esempio, pubblicizzi un ebook della Bruno Editore, il cui costo è pari a 99€, vendendone due, con una provvigione sulla vendita del 30%, guadagni 59,40€… con soli 10€ di spese! Niente male, vero? Ti posso assicurare che alcuni prodotti della Bruno Editore, presentano un tasso di conversione superiore al 3%.

Una volta raggiunto un buon posizionamento, potresti anche interrompere la campagna pubblicitaria, ma quando comincerai a vedere guadagni così elevati, sono sicuro che aumenterai il budget giornaliero di Google AdWords!

Se vuoi avere il massimo del successo con le campagne AdWords, ti consiglio di leggere l'ebook *Fare Soldi Online con Google*, nel quale sono illustrate le principali tecniche, i trucchi e la formula segreta per apparire tra i primi posti nelle ricerche su Google... pagando il minimo di pubblicità!

E ora passiamo alle tecniche di posizionamento SEO utilizzate con successo anche per indicizzare le comuni pagine web. Innanzitutto, voglio ricordarti il discorso della **ripetitività** e della **densità delle parole chiave,** che ti ho già illustrato nelle pagine precedenti. In pratica, dovrai assicurare un buon numero di ripetizione delle parole chiave scelte nel titolo e nella descrizione del video.

Gli esperti SEO ritengono che la scelta delle parole chiave sia un'operazione delicata e fondamentale. Già come ti dicevo in precedenza, ti sconsiglio di utilizzare parole chiave generiche e singole per due motivi: il primo è che sono molto ricercate e quindi c'è troppa concorrenza da battere; il secondo è che quando si lavora con parole chiave composte (e di conseguenza specifiche) c'è più probabilità di generare una vendita, poiché il visitatore ha trovato esattamente quello che cercava. Quindi, largo alle parole chiave composte, che ancora una volta potrai trovare servendoti dei selettori di parole chiave, come quello di Google che ti ho segnalato in precedenza.

SEGRETO n. 50: per i tuoi video non utilizzare keyword generiche e con termini singoli.

La prima fase per indicizzare il tuo video consiste nel registrare il corrispondente link nei motori di ricerca. Ogni motore di ricerca possiede una propria pagina in cui è possibile indicare i dati di un link da registrare, ma in teoria dovresti fare quest'operazione per ogni motore di ricerca e ti ci vorrebbero delle settimane. Un metodo rapido ed efficace per registrarti in 200 motori di ricerca in poco tempo è quello di sfruttare il sito Submission, con il quale risparmierai tantissimo tempo:

SEGRETO n. 51: registra su tutti i motori di ricerca il link del tuo video servendoti di Submission.

Un altro criterio fondamentale che migliora il posizionamento dei video su YouTube è la quantità di siti esistenti con **link al filmato**. Questa tecnica è uno dei metodi più utilizzati con estremo successo per indicizzare un sito nei principali motori di ricerca. Poiché essa si basa sulla logica che se tanti siti contengono un determinato link, significa che la corrispondente pagina web è di ottima qualità.

SEGRETO n. 52: il posizionamento dei video su YouTube migliora con l'aumento del numero di siti che contengono il link del filmato.

A rafforzare questa preziosa informazione voglio citarti tre metodi per incrementare i link che puntano al tuo video, per migliorarne il posizionamento su YouTube:

- creazione di blog;
- article marketing;
- web directory.

Il **blog**, il cui termine deriva da "web-log", cioè *traccia su rete*, non è altro che un diario, costituito da articoli, storie, informazioni ecc., nel quale i lettori possono scrivere i propri commenti e lasciare messaggi all'autore. Sul web esistono diversi siti che, tramite pubblicazione guidata, consentono di creare automaticamente un blog gratis, anche senza che tu conosca il linguaggio HTLM. Tra questi il più famoso è www.blogger.com:

Su questo sito la creazione di un blog è semplicissima e totalmente guidata. Naturalmente, non devi limitarti a inserire solo il codice del tuo video per incrementare il numero di link che lo posseggono, ma ti consiglio di arricchirlo con tante recensioni e vedrai che sarà molto interessante quando comincerai a ricevere i primi commenti dagli altri utenti.

Oltre a Blogger, esistono molti altri siti Italiani che permettono di gestire un blog gratuitamente, tra cui: Wordpress, Splinder, Clarence, Blogsome, Tiscali, Il Cannocchiale, Iobloggo, Bloggerbash, Blogdrops, Libero, Windows Live Spaces, MySpace. Se vuoi maggiori dritte per la creazione di un blog, ti consiglio di leggere l'ebook *Fare Soldi Online con Blog e MiniSiti*, ricco di segreti e strategie per realizzare al meglio il tuo diario in rete.

Il secondo sistema è quello definito **article marketing**, un potentissimo strumento per fare pubblicità gratuita. Questa strategia di marketing prevede la creazione di un articolo, in questo caso riguardante il contenuto del tuo video, in cui dovrai allegare al termine il link del tuo filmato.

I portali che consentono la pubblicazione di articoli gratuiti, previa approvazione, sono tantissimi: basta che tu faccia una ricerca su Google indicando "article marketing" e ne troverai a decine. Ecco alcuni più importanti:

- http://www.fastpopularity.com;
- http://www.article-marketing.eu;
- http://www.articlemarketingitaliano.it.

Basterà registrarti al sito, inviare il tuo articolo con il link del tuo video e il gioco è fatto! Ti assicuro che in rete troverai migliaia di siti come questi, in grado di migliorare la popolarità del tuo video.

In seguito ti indicherò alcune dritte tratte dal mio precedente ebook *Press Advertising* per realizzare degli articoli di successo.

Esiste una regola generale per creare un articolo. Sembra che ce l'abbiano regalata gli anglosassoni, ed è stata tramandata dallo studioso Harold Dwight Lasswell. Si chiama la **Regola delle 5 W**:

1. who? = *chi*?
2. what? = *cosa*?

3. where? = *dove*?
4. when? = *quando*?
5. why? = *perché*?

In pratica: affinché un articolo sia completo, deve rispondere a queste cinque domande, in modo che il lettore trovi tutte le risposte.

Sempre gli anglosassoni ci hanno trasmesso i tre aspetti fondamentali del giornalismo: **l'ABC**.

- **a**ccuratezza;
- **b**revità;
- **c**hiarezza.

Per **accuratezza** si intende la precisione con cui si tratta un argomento in un articolo. La **brevità**, come spiega la parola stessa, richiede di essere sintetici. Infine, la **chiarezza** impone che l'articolo sia di immediata comprensibilità. Ti consiglio di leggere diversi articoli e recensioni per farti un'idea su come impostare questi aspetti.

Un'altra tecnica fondamentale, per scrivere un articolo di successo consiste nell'adottare la struttura a **piramide invertita**. In pratica, essa consiste nell'inserire nella parte iniziale dell'articolo le informazioni di maggiore importanza e poi proseguire con quelle meno rilevanti.

Questo è necessario per consentire al lettore di soffermarsi perché legga l'intero articolo, che sicuramente troverà interessante, visto che la parte iniziale è quella più importante.

Poi ci sono tante altre regole da rispettare per scrivere un articolo. Mettiamo il caso che tu abbia intenzione di scrivere un articolo su un prodotto della Bruno Editore, per esempio *Lettura Veloce 3x*. Dando uno sguardo al minisito troverai tantissime informazioni utili per la stesura del tuo articolo. Ma, comunque, non conoscerai il prodotto. Quindi una regola fondamentale è quella di avere le idee chiare e conoscere il tema che devi affrontare.

Ricorda che non devi scrivere un testo pubblicitario, ma qualcosa che contenga notizie interessanti. Un'esperienza analoga io l'ho ottenuta al termine della realizzazione del mio precedente ebook.

Poiché la Bruno Editore offre gratuitamente in regalo una serie di bonus, ho pensato di scrivere anch'io un mini-ebook chiamato *Guadagnare Denaro Senza Investire*. In fondo, questo mini-ebook potrebbe essere paragonato a un articolo molto approfondito, che non si limita a pubblicizzare il prodotto da cui è tratto, ma offre una serie di idee interessanti per pubblicizzare prodotti a cui si è affiliati senza spendere soldi.

Per evitare di fare brutte figure, e soprattutto di passare per uno che è tutt'altro che giornalista, fai estremamente attenzione agli errori di ortografia e grammatica. A questo proposito ti può aiutare tantissimo lo strumento "Controllo Ortografia e Grammatica" di Word, ma spero che tu non ti offenda se ti indico il link di un sito dove puoi fare un ripassino di grammatica: http://it.wikipedia.org/wiki/Grammatica_italiana.

Come pure non devi mai utilizzare nelle stesse frasi parole uguali, ma devi favorire l'utilizzo dei sinonimi. In rete puoi trovare decine di siti che posso risolverti questo problema, tra cui: http://parole.alice.it/parole/sinonimi_e_contrari/index.html.

Cerca di essere semplice, non solo con le parole, ma anche con gli argomenti, poiché non conosci il grado di preparazione del lettore. Ad esempio, sempre riguardo l'ebook di lettura veloce, evita di dire: «In regalo il software FREE-MIND per sviluppare le mappe mentali.» Meglio usare: «In regalo un programma per PC per apprendere di più.»

Ti consiglio inoltre di **semplificare** maggiormente le cose con qualche esempio e, infine, di rileggere più di una volta accuratamente l'articolo, magari mostrandolo a qualche amico per avere dei consigli.

Al termine dell'articolo non resta altro che pubblicizzare il prodotto completo in questo il link del tuo video. Puoi indicare, ad esempio: «Per approfondire *Lettura Veloce 3x*, di Giacomo Bruno. Disponibile su www.miosito.it.»

L'ultimo sistema rapido ed eccezionale per indicizzare rapidamente sia le pagine web, sia i video, sono le **web directory**.

«Una web directory è un elenco di siti indicizzati per categoria e sottocategorie. Ogni sito può essere incluso solo in una o al massimo due categorie. L'inclusione di un sito nelle web directory permette di aumentare il suo PageRank (valore attribuito dai motori di ricerca che indica la popolarità di un sito).» (Tratto da Wikipedia).

Come vedi, questa definizione tratta dal sito di Wikipedia spiega in modo molto chiaro la funzione delle web directory e la loro potenza. In pratica, basterà che tu aggiunga il link del tuo video in diverse directory, e otterrai così in modo molto rapido un ottimo posizionamento.

Anche in questo caso potrai trovare migliaia di web directory con una ricerca su Google, indicando "web directory". Le principali directory sono le seguenti:

- http://directory.pubblicitaonline.it;
- www.mrlink.it;
- www.google.it/dirhp.

SEGRETO n. 53: incrementa il numero di siti con link che puntano sul tuo video, sfruttando blog, article marketing e web directory.

Secondo quanto scritto da Lorenzo De Santis nell'articolo Un indice di Popolarità: Cosa è il PageRank, è di fondamentale importanza l'autorevolezza del sito che punta al link da ottimizzare. In pratica, più sarà importante il sito che contiene il link da posizionare e migliore sarà l'ottimizzazione nel motore di ricerca. Come ti accennavo nelle pagine precedenti, e come puoi vedere in quest'articolo, il parametro che definisce l'importanza di un sito dai motori di ricerca è il PageRank, valore che va da 0 a 10, e che puoi scoprire installando la Toolbar di Google.

Inoltre, Lorenzo suggerisce una serie di siti definiti "**social bookmarking**" ad altissimo PageRank, in cui dovrai pubblicare degli articoli dei tuoi video inserendo il corrispondente link per migliorare il posizionamento:

- www.segnalo.alice.it (PageRank 7);
- www.wikio.it (PageRank 7);
- www.oknotizie.com (PageRank 7);

- www.reddit.com (PageRank 7);
- www.socialdust.com (PageRank 5);
- www.diggita.it (PageRank 5);
- http://it.blinklist.com (PageRank 6);
- www.salvasiti.com (PageRank 4);
- www.seotribu.com (PageRank 4);
- www.ziczac.it (PageRank 4);
- www.postanotizie.it (PageRank 4);
- www.social.planetnews.it (PageRank 4);
- www.technotizie.it (PageRank 4);
- www.fai.informazione.it (PageRank 4);
- www.tuttoblog.com (PageRank 4).

Come vedi, alcuni hanno un PageRank altissimo, specie i primi indicati. L'inserimento del link del tuo video in questi siti comporta davvero un ottimo posizionamento.

SEGRETO n. 54: pubblica articoli con i link dei tuoi video nei social bookmarking ad alto PageRank.

RIEPILOGO DEL GIORNO 6:

- SEGRETO n. 46: posizionare un video rispetto a una pagina web consente di avere fino al doppio dei risultati.
- SEGRETO n. 47: il posizionamento di un video su YouTube prevede tecniche SEO analoghe a quelle utilizzate per le pagine web.
- SEGRETO n. 48: l'incremento delle visualizzazioni del tuo video porta a un miglioramento del suo posizionamento e della sua votazione.
- SEGRETO n. 49: aumenta le visualizzazioni del tuo video con annunci pubblicitari Google Adwords.
- SEGRETO n. 50: per i tuoi video non utilizzare keyword generiche e con termini singoli.
- SEGRETO n. 51: registra su tutti i motori di ricerca il link del tuo video servendoti di Submission.
- SEGRETO n. 52: il posizionamento dei video su YouTube migliora con l'aumento del numero di siti che contengono il link del filmato.
- SEGRETO n. 53: incrementa il numero di siti con link che puntano sul tuo video, sfruttando blog, article marketing e web directory.

- SEGRETO n. 54: pubblica articoli con i link dei tuoi video nei social bookmarking ad alto PageRank.

GIORNO 7:
I colossi del video sharing

Visto che probabilmente avrai già pubblicato e posizionato il tuo video, penserai che finalmente potrai goderti il frutto del tuo lavoro… Invece no! C'è ancora un'altra operazione da fare che ti consentirà di moltiplicare le visite dei tuoi video, e di conseguenza anche le vendite e i guadagni.

È molto semplice. Nelle pagine precedenti ti ho spiegato che YouTube è il più grande portale di video sharing esistente al mondo; infatti, conta milioni di visitatori unici ogni mese. Ma questo non significa che sia il solo portale di condivisione video esistente. E, di conseguenza, non sarà il solo a cui "affiderai" il tuo bel filmato!

SEGRETO n. 55: condividi i tuoi video su tutti i siti di video sharing, sfruttando le stesse tecniche.

Hitwise UK: Top 10 Video Sharing Sites, Based on Share of UK Visits within the Custom Category, Week Ending 16th September 2006				
Rank	Name	Domain	Market Share	Session Duration
1	YouTube	www.youtube.com	59.89%	17:32
2	Google Video	video.google.com	16.63%	07:14
3	Google Video UK	video.google.co.uk	6.78%	12:45
4	MySpace Videos	vids.myspace.com	5.49%	06:25
5	MetaCafe	www.metacafe.com	2.90%	10:05
6	Yahoo! Video	video.search.yahoo.com	1.92%	12:26
7	Daily Motion	www.dailymotion.com	1.76%	08:53
8	video.uk.msn.com	video.uk.msn.com	1.71%	00:58
9	AddictingClips	www.addictingclips.com	1.58%	06:13
10	AOL Media	us.video.aol.com	1.33%	04:46

Come puoi vedere da questa immagine tratta da Web News, esiste una sorta di classifica dei portali di video sharing esistenti in rete. Naturalmente YouTube è in vetta alla classifica, ma come puoi vedere non è il solo: ne esistono tanti altri che, messi insieme, contano altri milioni di visitatori.

SEGRETO n. 56: i principali portali di video sharing sono: YouTube, Google Video, MySpace, MetaCafe, Yahoo Video e Daily Motion.

Questa classifica, aggiornata nel 2006, ne riporta solo dieci, ma ti posso assicurare che esistono molti più portali di video sharing. Anzi, negli ultimi anni, con il boom della condivisione di video, questi portali sono aumentati enormemente.

In questo caso devi sfruttarli tutti per pubblicare il tuo video, con il risultato che sarà ancora più visionato rispetto alle tue aspettative. Per conoscere tutti i siti di video sharing ti suggerisco ancora una volta di fare una ricerca su Google, indicando le parole:

- *video sharing*;
- *condivisione video*;
- *condividere video*;
- *video share*;
- *video sharing community*.

SEGRETO n. 57: ricerca continuamente su Google nuovi siti di video sharing, italiani e stranieri.

Per facilitarti il lavoro, in seguito ti indicherò tutti i migliori siti di video sharing presenti sul web, con i relativi indirizzi. Il funzionamento è molto intuitivo, poiché presentano tutti pressappoco le stesse caratteristiche.

Noterai che alcuni sono siti inglesi, ma non è detto che non siano visti dagli italiani. Anzi, inizialmente condividevo filmati solo su

YouTube e Google Video. Ma un successo maggiore, in termini di profitti, l'ho ottenuto utilizzando anche gli altri siti di video sharing, che vedrai in seguito, perché sono molto pubblicizzati nelle riviste e nei motori di ricerca delle pagine italiane.

http://video.google.it\

Google Video è un sito di video sharing gratuito in cui è possibile caricare filmati.

Per inserire un video nei server di Google, bisogna cliccare il link "Carica i tuoi video" presente nella home page. Se è la prima volta che utilizzi i servizi di Google, devi cliccare da questa pagina il link "Crea un account ora", dove dovrai indicare i tuoi dati necessari per la registrazione.

In seguito, puoi passare alla fase di caricamento dei video. Principalmente, ti verranno richiesti i seguenti dati:

- *percorso del file*;

- *titolo* (massimo 255 caratteri);
- *descrizione*;
- *categoria* (quella più adatta ai tuoi video è senz'altro "didattici").

A differenza di YouTube, non esiste un campo "Tag". Pertanto, per apparire in molte ricerche, è necessario indicare le parole chiave nei campi "Titolo" e "Descrizione" con le stesse tecniche utilizzate per YouTube.

http://www.metacafe.com

Metacafe appare nella classifica dei siti di video sharing più grandi del mondo. Esso vanta 25 milioni di osservatori unici al mese (fonti tratte dal sito ufficiale). Naturalmente, per caricare il tuo video devi prima registrarti cliccando su "Sign in", dove dovrai indicare una tua email, il tuo identificativo nella comunità (cioè il nickname) e infine una password. Dopo qualche minuto ti arriverà un'email per verificare e attivare il tuo account.

Terminata la registrazione, potrai caricare il tuo video andando su "Submit". I principali campi da riempire sono:

- *file* (il percorso e il nome del tuo video);
- *title* (titolo);
- *description* (descrizione);
- *related link* (devi indicare un indirizzo web utile per pubblicizzare il tuo sito);
- *related link title* (titolo del sito web);
- *title language* (devi impostare "Italian", naturalmente);
- *categories* (puoi indicarne fino a due);
- *search tags* (tag di ricerca).

Al termine dell'upload, il sistema ti restituirà il link del tuo video.

www.blip.tv

L'upload di un video su blip.tv prevede una breve fase di registrazione cliccando "Sign up", e poi il caricamento del video attraverso il link "Upload".

I campi più importanti da indicare sono:

- *title* (titolo, massimo 255 caratteri);
- *description* (descrizione);
- *tags* (parole chiave, a cui non è imposto un limite di caratteri);
- *genre* (genere, il più appropriato nel tuo caso potrebbe essere “Documentary”);
- *language* (lingua, che naturalmente bisogna impostare su “Italian”).

Al termine dell’upload, cliccando il link “Copy & Paste” è possibile ottenere il codice HTML del tuo video. Come hai visto in precedenza, puoi sfruttare il codice del tuo video per inserirlo in un sito web o in un blog, per inviarlo a un amico oppure per pubblicizzarlo con una campagna Google AdWords.

www.ourmedia.org

Per caricare un video su Ourmedia è necessario registrarsi, cliccando il pulsante "Sign up – member benefits". Successivamente, è possibile procedere al caricamento del video andando su "Upload". In fondo alla pagina che si aprirà devi scegliere come tipo di file "Video", cliccando la relativa icona.

I campi fondamentali che devi riempire sono:

- *title* (titolo, massimo 128 caratteri);
- *I want to publish this video* (percorso del tuo file);
- *videotype* (categoria del video; la più appropriata potrebbe essere "Advertising/commercial");
- *author/artist* (il tuo nome e cognome);
- *description of work* (descrizione del video).

Vi sono due campi per indicare le parole chiave:

- *keywords* (devi scegliere una parola tra quelle elencate, ad esempio "Technology");
- *add to keywords* (in questo campo devi digitarle tu e devono essere separate non con gli spazi, ma andando a capo).

www.vsocial.com

Come in tutti gli altri siti di video sharing, anche in questo è prevista una registrazione su “Click here to sign up!”, e poi il caricamento del video “Upload”.

I dati più importanti sono:

- *video file* (percorso del tuo file);
- *title* (titolo);
- *description* (descrizione);
- *tags* (parole chiave, a cui non è imposto un limite di caratteri);
- *channels* (sono le categorie, fino a tre scelte).

www.clipshack.com

Anche ClipShack è un sito di condivisione video gratuito, ma impone un limite complessivo di 5Gb per i tuoi file, che è più che sufficiente. Si accede alla pagina di registrazione cliccando "Account gratis" e per il caricamento dei video vi è il link "Clip di upload".

Oltre ai classici campi, e cioè: "Percorso del file", "Titolo", "Descrizione" e "Tags" (quest'ultimo è sufficientemente limitato a 250 caratteri), vi è il campo fondamentale "Who can see", cioè *chi può vedere il video*, che devi impostare su "Tutti gli utenti" per far sì che riceva molte visualizzazioni. Per quanto riguarda l'argomento del video, puoi spuntare più di una categoria tra quelle proposte.

www.vimeo.com

In quest'altro sito di condivisione video puoi registrarti cliccando "Join Vimeo", dopodiché puoi caricare il filmato andando su "Upload".

Anche qui troverai i classici campi, cioè “Title”, “Description”, “Tags”; in quest’ultimo, per ogni parola chiave che inserirai, dovrai premere il pulsante “Add”, cioè *aggiungi*.

YAHOO! VIDEO

www.video.yahoo.com

Anche i server di Yahoo consentono il caricamento dei video, visibili a tutti gli utenti. La pagina di registrazione si apre cliccando “Sign up”, e per il caricamento devi andare su “Upload”.

I dati più importanti da inserire sono:

- *percorso del file*;
- *titolo*;
- *descrizione*;
- *categoria*;
- *tag* (che vanno scritti e separati da virgole).

www.esnips.com

Questo sito di video sharing, come ClipShack, prevede un limite di 5Gb per i tuoi video, molto difficili da superare! Come negli altri siti di video sharing è prevista la registrazione, attraverso il link "Join", ed è poi possibile effettuare il caricamento del filmato cliccando su "Upload".

A questo punto devi indicare il percorso del file video ed indicare alcuni campi importanti:

- *give it a name* (titolo);
- *description* (descrizione);
- *tag it* (parole chiave).

www.liveleak.com

Questo sito di video sharing è molto pubblicizzato nelle riviste informatiche italiane. La registrazione avviene cliccando su "Register" e per caricare il video devi andare su "Upload media".

Dopo aver indicato il percorso del file devi impostare:

- *title* (titolo);
- *description* (descrizione);
- *tags* (parole chiave, separate da virgole);
- *category* (categoria).

http://video.msn.com/video.aspx?mkt=it-it

MSN Soapbox è la piattaforma Microsoft per la condivisione online di contenuti video. Già la parola "MSN" ti fa capire quant'è popolare e pubblicizzato questo sito! Il link indicato ti fa accedere direttamente alla sezione del sito in lingua italiana.

Per registrarti devi andare su "Accedi", e da qui troverai il link "Registrati". Dopo la registrazione puoi effettuare l'upload del tuo filmato cliccando su "Carica video".

I principali campi da indicare sono:

- *percorso*;
- *titolo*;
- *descrizione*;
- *tag* (massimo cinque);
- *categoria*.

http://vids.myspace.com/

MySpace è una famosissima comunità virtuale che offre ai suoi utenti diversi servizi, tra i quali la condivisione dei video. Per registrarti alla community devi cliccare il link "Iscriviti", dove, oltre ai tuoi dati, ti verranno richieste alcune informazioni, tra cui la tua foto, l'email dei tuoi amici ecc., tutti parametri che non sono necessari e che puoi evitare cliccando il pulsante "Ignora per ora".

Successivamente, riceverai un'email necessaria per attivare il tuo account. Dopodiché potrai effettuare l'upload del tuo filmato, cliccando su "Video" e poi su "Carica video". I principali campi da riempire sono:

- *titolo* (massimo 64 caratteri);
- *descrizione* (massimo 3000 caratteri);
- *tag* (che dovrai ottimizzare poiché c'è il limite a 64 caratteri);
- *categorie* (da 1 a 3);
- *lingua*;
- *visibilità* (imposta su "Pubblico" per ottenere una massima visione).

Infine, dovrai premere il pulsante "continua", e quindi si aprirà una pagina e potrai completare l'upload del tuo video indicando il nome e il percorso del file.

LIBERO VIDEO

http://video.libero.it/

Anche i famosissimi server di Libero consentono la condivisione dei video, con un sufficiente limite di 500Mb. Se già possiedi un account di posta elettronica non sarà necessaria la registrazione, altrimenti dovrai cliccare il link "Entra a far parte della Community di Libero".

Dopo la registrazione, potrai effettuare il caricamento dei video cliccando su "Upload video". I principali parametri da indicare sono:

- *nome file*;
- *titolo* (massimo 50 caratteri);
- *condivisione* (indica "Pubblico");
- *descrizione* (massimo 300 caratteri);
- *tags* (a cui non è imposto un limite).

http://dailymotion.alice.it/it

Dailymotion rappresenta il canale video del noto sito Alice. Questo sito di video sharing è molto pubblicizzato nella pagine italiane dei motori di ricerca, ed è disponibile in 17 paesi del mondo.

La prima fase consiste nella creazione di un nuovo account, cliccando il link “Registrati”. Dopo aver indicato i classici campi: “Nome utente”, “Password” e “Indirizzo di posta elettronica”, ti arriverà un’email, necessaria per l’attivazione del tuo account.

A questo punto potrai effettuare l’upload del tuo videocorso cliccando su “Carica i video”. In questa pagina dovrai indicare il nome e il percorso del file; dopodiché, cliccando su “Carica”, si aprirà un’ulteriore finestra dove dovrai principalmente inserire le seguenti informazioni relative al tuo video:

- *titolo*;
- *tag*;
- *lingua*;
- *descrizione*;
- *canali* (quello più attinente è sicuramente “Business”);
- *privacy* (indica “Pubblico” per ottenere una maggiore visione).

Terminata questa operazione, il tuo video sarà subito disponibile per la visione al mondo intero.

http://revver.com/

Revver è un network video sharing con cui è possibile condividere filmati. La registrazione avviene cliccando il link "Sign Up". Cliccando questo link apparirà una pagina in cui dovrai indicare: una username, l'email, la password e dichiarare di essere maggiorenne. A questo punto potrai cliccare il pulsante "Register account", con cui apparirà una nuova pagina, in cui dovrai indicare ulteriori informazioni: il tuo cognome, nome e sesso.

Per caricare il video dovrai cliccare il link "Upload". A questo punto dovrai indicare i seguenti campi:

- *title* (titolo);
- *description* (descrizione);
- *keywords* (tag, massimo 30);
- *website* (sito web).

A questo punto potrai completare l'operazione cliccando su "Save metadata".

http://www.break.com/

Break è una comunità virtuale che vanta 18.000.000 di visitatori unici e 500.000.000 di pagine viste al mese (dati dal sito ufficiale). Per caricare il tuo video in questo importante portale di video sharing dovrai registrarti cliccando su "Register now" e compilare i seguenti campi: "Nickname", "Password", "Email address", "Date of birth" (*data di nascita*), "Gender" (*sesso*), "Country" (*nazione*), "Zip code" (*CAP*), e indicare il consenso.

A questo punto ti arriverà un'email con un codice di verifica che dovrai indicare nel form.

Dopo la registrazione, potrai caricare il video cliccando su "Upload". Ti verrà richiesto innanzitutto di accettare le condizioni. Poi potrai scegliere il file del video e compilare queste informazioni:

- *type* (imposta su "Public");
- *content title* (titolo);
- *description* (descrizione);
- *category* (la più adatta è "How to");
- *keyword* (tag).

Dopo tutti questi esempi, penso che tu abbia preso dimestichezza con i principali campi da indicare nei siti di video sharing, anche se sono stranieri. Perciò, per i prossimi portali ti fornirò solo una loro breve descrizione.

http://www.veoh.com/

Veoh è un rivoluzionario servizio di TV via internet di Los Angeles, aperto a tutti, su cui è possibile caricare dei video. Attualmente sono oltre 100.000 gli autori dei filmati e questo sito di video sharing vanta oltre 24.000.000 di spettatori.

http://www.brightcove.com/

Brightcove è la principale piattaforma di video online utilizzata dalle società di media, dalle imprese e dalle organizzazioni in tutto il mondo per pubblicare e distribuire i video sul web.

Questa piattaforma è utilizzata da centinaia di editori professionali e i video pubblicati raggiungono più di un centinaio di milioni di utenti ogni mese.

http://crackle.com/

Crackle è una multi-piattaforma di intrattenimento video che si propone di diffondere i talenti emergenti presenti sul web. Magari il prossimo potresti essere tu!

http://sclipo.com/home

Sclipo è una rete di apprendimento sociale che offre un modo rivoluzionario per imparare online, integrando applicazioni video e webcam. La descrizione di questo sito ci fa capire immediatamente che la nostra categoria di video "come fare per..." sarà molto ben accettata e, soprattutto, molto visualizzata.

http://www.viddler.com/

Viddler è un servizio di video hosting online fondato nel 2006. All'inizio era noto per l'introduzione dell'aggiunta dei commenti ai video, poi ha acquisito popolarità nel 2007, quando alcuni famosi blogger come Gary Vaynerchuk, hanno iniziato ad usare la tecnologia Viddler per pubblicare i propri lavori.

http://www.howcast.com/

Questo portale di video sharing è particolarmente utile per pubblicare la famosa categoria dei filmati "come fare per…". Infatti, se dai un'occhiata ai video pubblicati, la maggior parte di essi presenta il titolo *How to*, la cui traduzione è proprio quella dell'omonima categoria!

5min Life Videopedia

http://www.5min.com/

«5min è un posto ideale per trovare soluzioni video brevi per questioni pratiche ed è un posto per le persone per condividere le loro conoscenze. L'idea che sta dietro a 5min è molto semplice: qualsiasi soluzione può essere visivamente spiegata in non più di 5 minuti. Il nostro obiettivo è quello di creare la prima comunità di Videopedia che consente agli utenti provenienti da tutto il mondo di contribuire con le loro conoscenze attraverso la condivisione visiva di manuali in settori quali *arte*, *affari*, *moda*, *sport*, *salute*, *tecnologia*, *cibo*, e molto di più. 5min ha la filosofia di base che tutti sono esperti in qualcosa, e ognuno ha qualcosa da insegnare agli altri, quindi perché non condividere questa conoscenza per migliorare tutti?» (Tratto dal sito ufficiale)

Ho voluto citarti la traduzione della "mission" di questo importante portale di video sharing, per farti capire che non devi assolutamente fartelo sfuggire per la pubblicazione dei tuoi video "come fare per…".

http://www.graspr.com/

Ed ecco l'ennesimo portale di video sharing nato per condividere le esperienze e le conoscenze tra i vari utenti. Esso infatti si propone di mettere a disposizione degli utenti nuovi interessi e coltivare nuove competenze per diventare ancora più abili nelle materie che non conoscono bene. Inutile dire che è ad hoc per la categoria "come fare per…".

http://www.imeem.com/

Imeem è una rete sociale che permette agli utenti di scoprire, di interagire e di esprimere se stessi con i media, compresi la musica, i video e le foto, allo scopo di condividere gusti e interessi.

A questo punto c'è una sorpresa per te! Non te l'ho rivelata prima, poiché volevo farti prendere prima dimestichezza con i diversi portali di video sharing. In realtà, esiste un sito chiamato TubeMogul che provvede automaticamente a caricare il tuo video nei principali portali di video sharing, facendoti risparmiare tantissimo tempo:

SEGRETO n. 58: sfrutta TubeMogul per caricare rapidamente i tuoi filmati su tutti i portali di video sharing.

Anche questo sito prevede una fase di registrazione, cliccando il link "sign up". A questo punto ti arriverà un'email necessaria per confermare il tuo account su TubeMogul, dopodiché potrai accedere al sito cliccando il link "log in".

A questo punto potrai caricare il video andando su "Upload a video", con cui potrai scegliere il file e premere il pulsante "Upload". Anche qui dovrai indicare in una maschera i dati del tuo video: *title* (titolo), *description* (descrizione), *tags* (parole chiave) e *category* (categoria).

Dopo aver accettato le condizioni e premuto "Upload", si aprirà una finestra con l'elenco dei portali di video sharing esistenti. Non dovrai fare altro che spuntare e mettere le tue credenziali su tutti quelli in cui intendi pubblicare il tuo video.

In TubeMogul esiste un'opzione molto utile che ti consente di salvare le credenziali di ciascun portale di video sharing, in modo che il caricamento successivo di altri video lo farai in pochi secondi!

SEGRETO n. 59: salva su TubeMogul le tue credenziali dei portali di video sharing per risparmiare tantissimo tempo.

RIEPILOGO DEL GIORNO 7:

- SEGRETO n. 55: condividi i tuoi video su tutti i siti di video sharing, sfruttando le stesse tecniche.
- SEGRETO n. 56: i principali portali di video sharing sono: YouTube, Google Video, MySpace, MetaCafe, Yahoo Video e Daily Motion.
- SEGRETO n. 57: ricerca continuamente su Google nuovi siti di video sharing, italiani e stranieri.
- SEGRETO n. 58: sfrutta TubeMogul per caricare rapidamente i tuoi filmati su tutti i portali di video sharing.
- SEGRETO n. 59: salva su TubeMogul le tue credenziali dei portali di video sharing per risparmiare tantissimo tempo.

Conclusione

Eccoci giunti al termine di questo straordinario percorso formativo. Le informazioni che hai trovato in questo ebook ti hanno illustrato le tecniche e i segreti di questa nuova e potentissima strategia di marketing attraverso i portali di video sharing.

Ora tocca a te! Rileggi con cura l'intero ebook e metti in pratica TUTTI i consigli illustrati, avendo cura di non escluderne nessuno. Questo ebook fornisce le giuste strategie per avere successo in questo business. Se aggiungi impegno e determinazione avrai sicuramente degli ottimi risultati.

Inizia subito a iscriverti ai principali programmi di affiliazione sul web, cominciando da quelli che ti ho illustrato e ricercandone degli altri seguendo le regole descritte. Per ciascuno di questi programmi di affiliazione, scegli e pubblicizza principalmente i prodotti ad alta conversione di vendite, per garantirti degli ottimi guadagni. Realizza dei video pubblicitari per ciascun prodotto scelto, seguendo le tre strutture illustrate, ovvero: minisito di vendita, descrittiva e “come fare per…”.

Inoltre, aggiornati continuamente, studiando e modellando i video di successo pubblicati su YouTube, per stare sempre un passo avanti rispetto alla concorrenza.

Pubblica i tuoi video su tutti i portali di video sharing in modo rapidissimo servendoti di TubeMogul. Infine, metti in pratica le tecniche di posizionamento dei tuoi video e goditi il frutto dei tuoi lavori! Ricordati che il video marketing è gratuito e che, una volta avviato, costituisce una rendita a vita!

Buon Lavoro!

Vincenzo Iavazzo

AZIONE

- ✓ Iscriviti ai principali programmi di affiliazione;
- ✓ scegli prodotti ad alta conversione da pubblicizzare;
- ✓ realizza dei video per ciascun prodotto, seguendo le tre strutture illustrate;
- ✓ aggiornati continuamente modellando i top video di YouTube;
- ✓ pubblica i tuoi video su tutti i portali di video sharing con TubeMogul;
- ✓ metti in pratica le tecniche di posizionamento dei tuoi video;
- ✓ guadagna tanti soldi!

I 59 SEGRETI DEL VIDEO MARKETING

- SEGRETO n. 1: con i programmi di affiliazione guadagni velocemente e non hai incarichi commerciali.
- SEGRETO n. 2: un buon programma di affiliazione deve soddisfare una serie di requisiti, e cioè qualità, professionalità, statistiche aggiornate, durata cliente, provvigioni alte, ampio catalogo e gratuità.
- SEGRETO n. 3: il programma di affiliazione di eBay è gratis, completo e affidabile.
- SEGRETO n. 4: pubblicizza i prodotti di eBay più economici, poiché l'affiliazione si basa su provvigioni fisse.
- SEGRETO n. 5: TradeDoubler raccoglie i programmi di affiliazione dei più noti prodotti di marche.
- SEGRETO n. 6: ClickBank raccoglie i programmi di affiliazione di marche meno note ma di tutto il mondo.
- SEGRETO n. 7: il sito di AlVerde raccoglie tantissimi programmi di affiliazione consentendo un elevato target.

- SEGRETO n. 8: il programma di affiliazione di PayPal consente elevati guadagni per ogni nuovo commerciante che porti sul sito.
- SEGRETO n. 9: Macrolibrarsi è un programma di affiliazione di librerie online, gratis e completo.
- SEGRETO n. 10: pubblicizza principalmente i prodotti ad alta conversione di vendita per guadagnare di più.
- SEGRETO n. 11: il programma di affiliazione della Bruno Editore è il più avanzato di tutti.
- SEGRETO n. 12: è la struttura di un filmato che fa il successo di una campagna di video marketing.
- SEGRETO n. 13: la struttura video a minisito induce alla vendita motivando, informando e rassicurando l'utente.
- SEGRETO n. 14: la struttura video descrittiva mira alla vendita di un prodotto illustrandone il succo.
- SEGRETO n. 15: la struttura "come fare per..." illustra dei segreti o delle tecniche di un prodotto, incrementando notevolmente le visualizzazioni del video.
- SEGRETO n. 16: nel blog della Bruno Editore troverai tantissimi articoli interessanti da trasformare in video per pubblicizzare i prodotti della Bruno Editore.

- SEGRETO n. 17: la durata dei video non deve essere eccessiva, altrimenti rischi di annoiare l'utente.
- SEGRETO n. 18: il modellamento consente di risparmiare tempo, imparare dagli errori altrui e avere strategie già ottimizzate.
- SEGRETO n. 19: modella i top video pubblicati su YouTube nella categoria "come fare per…".
- SEGRETO n. 20: nei video attira l'attenzione degli utenti fornendo delle informazioni curiose.
- SEGRETO n. 21: i video di successo sono quelli che svelano trucchi, segreti, nuove strategie...
- SEGRETO n. 22: rendi internazionale e visitatissimo il tuo video traducendolo in inglese.
- SEGRETO n. 23: analizza e valuta anche gli errori nei video di successo.
- SEGRETO n. 24: se un video prevede una lunga durata, dividilo in più parti.
- SEGRETO n. 25: illustra le tecniche dei tuoi hobby, lavori e interessi in un video e pubblicizza un prodotto attinente.
- SEGRETO n. 26: focalizza i tuoi video su una determinata nicchia e otterrai enormi vantaggi.

- SEGRETO n. 27: numera i tuoi video istruttivi per agevolare e incrementare le ricerche da parte degli interessati.
- SEGRETO n. 28: analizza e modella settimanalmente i video di successo pubblicati su YouTube per trarne nuove strategie.
- SEGRETO n. 29: per realizzare il tuo video usa videocamere, cellulari o webcam.
- SEGRETO n. 30: il software Super Screen Capture consente di creare filmati dallo schermo del tuo PC.
- SEGRETO n. 31: il software CamStudio è analogo a Super Screen Capture, con il vantaggio che è freeware.
- SEGRETO n. 32: costruisci il tuo video usando immagini catturate dallo schermo, convertite prima in formato GIF.
- SEGRETO n. 33: usa Windows Movie Maker per montare il tuo video.
- SEGRETO n. 34: aggiungi nel video titoli per pubblicizzare il tuo prodotto.
- SEGRETO n. 35: pubblicizza nei video il tuo sito web di appoggio che abbia un redirect verso il link del prodotto a cui sei affiliato.

- SEGRETO n. 36: pubblicizza sempre il link che porti al prodotto interessato specifico e non all'intero catalogo.
- SEGRETO n. 37: crea nel sito di appoggio tante cartelle per ogni prodotto in vendita, in cui ci siano file index con il redirect verso i corrispondenti link con codice di affiliazione.
- SEGRETO n. 38: completa il video con la narrazione audio, modulando opportunamente il tono di voce.
- SEGRETO n. 39: il video marketing è un'ottima strategia per fare pubblicità gratuita.
- SEGRETO n. 40: YouTube è il più grande sito per la condivisione dei video.
- SEGRETO n. 41: registrati su YouTube e carica i video che pubblicizzano i prodotti a cui sei affiliato.
- SEGRETO n. 42: imposta il titolo e la descrizione dei video ispirandoti agli annunci sponsorizzati su Google AdWords.
- SEGRETO n. 43: ripeti le parole chiave nel titolo, nella descrizione e nel campo "tag" per avere un buon posizionamento del video.
- SEGRETO n. 44: carica i video negli orari e nei giorni in cui si effettuano più ricerche.

- SEGRETO n. 45: invia i link dei tuoi video ai tuoi amici per avere dei consigli.
- SEGRETO n. 46: posizionare un video rispetto a una pagina web consente di avere fino al doppio dei risultati.
- SEGRETO n. 47: il posizionamento di un video su YouTube prevede tecniche SEO analoghe a quelle utilizzate per le pagine web.
- SEGRETO n. 48: l'incremento delle visualizzazioni del tuo video porta a un miglioramento del suo posizionamento e della sua votazione.
- SEGRETO n. 49: aumenta le visualizzazioni del tuo video con annunci pubblicitari Google Adwords.
- SEGRETO n. 50: per i tuoi video non utilizzare keyword generiche e con termini singoli.
- SEGRETO n. 51: registra su tutti i motori di ricerca il link del tuo video servendoti di Submission.
- SEGRETO n. 52: il posizionamento dei video su YouTube migliora con l'aumento del numero di siti che contengono il link del filmato.

- SEGRETO n. 53: incrementa il numero di siti con link che puntano sul tuo video, sfruttando blog, article marketing e web directory.
- SEGRETO n. 54: pubblica articoli con i link dei tuoi video nei social bookmarking ad alto PageRank.
- SEGRETO n. 55: condividi i tuoi video su tutti i siti di video sharing, sfruttando le stesse tecniche.
- SEGRETO n. 56: i principali portali di video sharing sono: YouTube, Google Video, MySpace, MetaCafe, Yahoo Video e Daily Motion.
- SEGRETO n. 57: ricerca continuamente su Google nuovi siti di video sharing, italiani e stranieri.
- SEGRETO n. 58: sfrutta TubeMogul per caricare rapidamente i tuoi filmati su tutti i portali di video sharing.
- SEGRETO n. 59: salva su TubeMogul le tue credenziali dei portali di video sharing per risparmiare tantissimo tempo.

www.ingramcontent.com/pod-product-compliance
Ingram Content Group UK Ltd.
Pitfield, Milton Keynes, MK11 3LW, UK
UKHW022024190726
13853UKWH00005B/2096

9 788861 741577